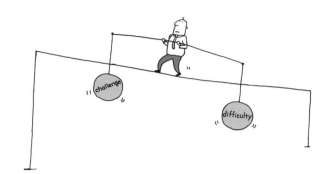

英英辞典の底力 そこちから

銀座ビジネス英語 gym 代表
泉 幸男／著

PLACE

☑ はしがき

　日本で英語を勉強するひとの圧倒的多数は、高校・大学の入学試験や TOEIC® ・英検® で高い点数をとるのが第一の目的です。ホンネを言えば「第一」というより「唯一の目的」かもしれません。

　試験の結果が人生を左右することだってあります。わたしも、少しでもそういう学習者の手助けをしたいです。

　この本は「英英辞典の使用」を主軸にすえて、日本の英語教育に欠けている学びの勘所 (かんどころ) をおさえました。

　英英辞典については

① これまでの英和オンリーの学び方には、どんな欠陥があるか
② 英英辞典を使うと、どんないいことがあるか
③ どんな英英辞典をどのように使っていけばよいのか

　これらについて、具体的事例を示しつつ出版物・ウェブサイトやアプリの紹介も交えて解説しました。

　本書全体にわたって、英文音読の質的向上にむけた、類書にない工夫がしてあります。各種試験スコアアップの隠れたコツも披歴しました。

英文和訳の時代は終わった

　大学入学共通テストにも、英検や TOEIC にも、英文和訳が存在しないのは皆さまご存知かと思います。

　いっぽう各大学の入試問題、なかんずく難関大学の入試は、配点のかなりの部分が英文和訳にあてられる場合がありました。そのた

め、わたしが受けた高校の英語の授業など、英文をいかにこなれた日本語に訳するかに重点が置かれ、まるで国語の授業のようでした。目当てがそれなら、役立つのは「英和」辞典です。

いまでも京都大学のように長文の英文和訳を出題する大学もあります。それはそれでひとつの見識ですが、一般的には設問形式が非常に多様化しています。学術書の訳者としての素質をみるようなガチな英文和訳は減りました。それに近い設問形式としては英文の「主旨」を和文で「説明」ないし「要約」させる問題のほうが主流です。

『2022年受験用 全国大学入試問題正解 英語 国公立大編』(旺文社刊) の冒頭に「読解問題の設問形式別出題割合分析」がありますが、それによると純粋な「英文和訳」問題は読解問題全体の7.1％で、「和文による要約」問題が12.3％です。いちおう、この辺が「英和」ないし準「英和」の世界です。

そのいっぽうで目立つのが「英問英答」「内容一致」型の問題、すなわち、日本語を経由することなく英文の内容を別の英語表現で言い換えることがベースとなる問題です。いわば**「英英辞典」の領域に属する問題**なわけですが、これが**合計で46.5％を占めています。**

この46.5％のうちの6.9％が「内容一致 (語句)」問題。**英単語の意味を問うために、4つ (ないし5つ) の英単語のなかから適切な言い換え表現となるものを選ばせる。**まさに英英辞典の世界です。

全国の中学・高校のよい子たちは、英語学習の基本として「英単語」と「和訳語」をペアで覚える勉強法に導かれ、それを支える受験英単語集を座右の書とし、英和辞典 (紙ないし電子版) で補完する。しかしながら現実の大学入試では、単に**英単語の和訳語を書かせたり選ばせたりする問題は皆無です。**

訳語を書かせるのではなく、英語による言い換え表現を選ばせる。敵がそう来るのであれば、勉強の方法も変えなければなりません。

英語を英語で言い換える。役立つのは「英英」辞典です。

世の中の流れは「英英・英和」併用へ

　文部科学省は、中学・高校の英語教育について「授業は英語で行うことを基本とする」と学習指導要領でうたっています。

　そのまま読むと「授業は100% 英語でやるのが理想だ」と言いたいようです。かりに本気でそれをやりたいのなら、習熟度別の少人数授業ができるように教育システムを抜本的に変え、教育行政の予算も大幅アップさせなければなりませんが、そこまでの行政側のフォローはない。必要な原資を配分せず、うつくしき難題を現場に押しつけて知らん顔の姿勢は、さきの大戦の大本営もかくやというところです。

　それはともかく、「授業は英語で」という難題に正面から向き合うとすれば、単語や文表現の意味を解説するときに**和訳とともに英語による言い換えを示していく**という姿勢が教員の側にもっとあってよいのではないでしょうか。わたしは自分がビジネス英語を教えるとき、単語や文表現の意味はつとめて英語による言い換えで示すようにしています。そのために日々役立っているのが、まさしく「英英」辞典です。

　世の中の流れは、どう見ても、**「英和」辞典オンリーから「英英」「英和」辞典併用へ**と向かうべきところです。

　ここまでのところ、だいたい納得していただけたでしょうか。

　ところが、です。

　「英和辞典オンリー」の状況はまったく変わっていません。書店で辞書コーナーに行けば一目瞭然。並んでいるのは英和辞典と和英辞典ばかりです。英英辞典はよほど大きな書店に行かないと置いてありませんし、あるとしても申し訳ていどに数冊だけ。英英辞典を売る気も買う気も、日本の英語界にはないようです。学校で学生・生徒に英英辞典を薦める講師・教師が、日本にどれだけいるもので

しょうか。

　英語の辞書を取り巻く日本の状況は、ガラパゴスそのものです。英語能力への要求が高度化するなかで、日本の英語教育界は「英英を使う」ほうには行かず、**世界トップレベルに進化した英和・和英がのし歩くガラパゴス**と化しています。

ガラパゴス日本を飛び出すための英英辞典

　わたしは、英和辞典・和英辞典をポイ捨てせよなどと極論を言うつもりはなく、日本の高度なガラパゴス英和・和英も時たま重宝させていただいています。しかし日常的に、**知らない単語や表現の意味を調べるために使うのは圧倒的に英英辞典でありシソーラス**（類義語辞典）です。それがわたしの自然体の現実です。

　英語を別の英語に置き換えながら学び、類義語にも手を伸ばしていくというプロセスは、まさに**ネイティブスピーカーが若い時分に母語としての英語を習得するために経た道**です。日本人だって、その道のままに英語を習い覚えるほうが**自然**であり、**知的快感**も得られます。英英辞典を、わたしはもう手放せません。

　日本の中学・高校・大学で教壇に立つ人々のどれだけが、英英辞典を使っているでしょうか。いろんなキーワードでネット検索してみましたが、それらしいアンケート結果はありませんでした。

　そもそも、学生・生徒の英語力についてはそれなりの統計がありますが、教師の実力のほどを示した統計を見たことがありません。都道府県別に英語教員の TOEIC スコアの平均値を示せば、その衝撃の結果に、報ずる新聞・雑誌に大見出しがおどるのは確実でしょう。

　日本のすべての英語教員が、その実力に応じた英英辞典を日常使いするようになり、日本のすべての学生・生徒もそれぞれに実力に

応じた英英を手にするようになれば、ガラパゴス日本も変われるのではないでしょうか。

この本は、そのための第一歩です。

さいわい、いまは Amazon などで多様な英英辞典をワンクリックで購入できます。電子辞書には上級者向け英英がかならず収まっていますし、英英辞典のサイトをパソコンで利用したり、英英辞典のアプリをスマホで利用したりすることも手軽にできます。

基礎単語 2,000 語で使いこなせる

英英辞典を使うのは、大それたことではありません。あなたも大丈夫です。ひとくちに「英英」といっても種類はいろいろ。やさしい英英なら「中学英語」を終えていれば入門可能です。なぜって、語釈（＝単語の意味説明）が基礎単語2,000語のみを使って書かれていますから！　あなたの英語は新たなステージを迎えるはずです。

もちろん、上級者になればなるほど使う楽しみも増えます。これも魅力です。

英英辞典を使うひとが日本でなかなか増えない理由。そのひとつに「英英辞典を使うなら、英和辞典とキッパリおさらばすべし」という妙な潔癖症（？）があるのではないでしょうか。**英英の語釈で意味のわからない単語や表現に出会ったら、入門期には遠慮なく英和辞典で意味を確認**してください。「せっかく英英を使っているのだから」と、語釈の不明語を英英でひくと、またまた不明語が出てきて……。これでは、地獄の螺旋（らせん）階段です。

「英英辞典をひくために英和辞典を使う」というと漫才ネタになりそうですが、入門期には「なりふり」かまってはいられません。

あなたの英文音読を絶妙アシスト

　ここで、本書が新機軸として全篇で採用した**「第1・第2アクセント表示」**についてご案内しておきましょう。

　次の文を音読してみてください。

If you buy the TV now, we will throw in the stand for free.

　わたしは商社勤務を終えたあと、英語・中国語・タイ語の講師業にたずさわっています。数ある言語のなかでも英語は発音の強弱のメリハリがしっかりした言語なのですが、受講者たちは強弱なしの棒読みだったり、強弱のつけ方に妙なクセがあったりします。

　「変な」英語、「意味不明」の英語 ── 例えば、こんなふうに。

If yóu buy the TV (téevee) now, we wíll thròw in the stànd fór free.

　こういう珍妙な発音をしていても、日本の学校英語の授業で直してもらえる機会はほぼゼロ。日本の英語教育は、いち単語内のアクセントの位置には注意を払うが、文全体のなかでの強弱のつけ方は、なおざりです。

　さて、こう発音すると文意は?

　「あなたがいまテレビを買うなら、我々は<u>スタンドの中で無料で投球する</u>だろう」

　あれれ……???　正しい強弱のつけ方と意味は、こうです。

If you bùy the TV (teevée) nów, we will thròw ín the stánd for frée.

「テレビをいま買えば、スタンドも無料でおつけしますよ」

　後半の in は、前置詞 (in the stánd ＝スタンドの中に) として弱く読むのではなく、句動詞 thròw ín (＝おまけとして付ける) を構成する副詞部分 (＝「中へと」含めるの意) として強く読まれます。

　第1アクセントがついた単語 (ín や frée) が最も強く読まれ、第2アクセントつきの単語 (bùy や thròw) はふつうに読まれ、アクセント符号のない単語はまぎれて消えてしまいそうなほど弱く読まれ**ます。この強烈なメリハリが、英語の響きです**。詳しくは、p.26からの「正しい文強勢マスターのだいじさ」をお読みください。

　文中の強弱を第1・第2アクセントをつかって示した英語テキストがあれば、英語学習に極めて役立つはずです。そこで本書では掲載した英文のほぼ全てに第1・第2アクセント符号をつけました。**辞書からの引用例文なども全てアクセント符号がついていますが、引用元の辞書の原文にはこのようなアクセント表示はありません**ので、その点を注意喚起しておきます。

　さらにもうひとつご案内があります。

2つの読者特典

　本書をお読みになった読者の皆さんに2つの「**読者特典**」をご用意しました。

　英英辞典を読んでいて、「語釈や例文のここがわからん！」という箇所があれば、遠慮なくわたしに質問のメールをお寄せください。メルアドは **ginza1gym@gmail.com** (ginza のあとは数字の1です) です。

　「やっぱり自分には英英辞典はムリだ」なんて、もう言わせませんよ！　わからないところは、本書の筆者のわたしに直接きいてください。

　さらに、読者の皆さんには**英文添削を1度だけ無料でサービス**いたします。皆さんが自分で書かれた英文を、わたしの上のメルアドへメールいただければ、添削したものをPDF版でお送りします。（上の2つの特典について、詳しくはpp.224-225をご覧ください）

　この本が皆さんの英語を一新する助けになることを願っております。

　令和5年6月

泉 幸男

◤ Contents

第3章
TOEIC に英文和訳は存在しない　059

第4章
英英辞典とGoogle検索でfruitの謎を解明する　083

第5章
英英辞典と Google 検索で wise の謎を解明する　103

第6章
TOEIC 攻略法　113

第10章
あなたにおすすめの中・上級英英辞典は、これだ　189

第 **1** 章

英英辞典への
いろいろな入り口

◢ *Introduction*

ネイティブ話者たちは英語を身につけるために、英和辞典や英和単語帳は使いません。
—— バカ、そんなの、当たり前だろ！
だったら、なぜあなたは英和辞典や英和単語帳を使うのでしょうか。
中学生のころから惰性（だせい）でやってきた学習法を疑ってみませんか。
英英辞典は、ネイティブ話者のありかたに近づいて、日本語抜きで英語を学ぶためのツールです。

関東人なのに、なぜ関西弁がわかるのか

「花見で人がぎょうさん居てるな」
「ほんまや、ぎょうさんな人出 (<ruby>人<rt>ひと</rt></ruby><ruby>出<rt>で</rt></ruby>) やで」

　関西弁のやりとりですが、関西出身でない日本人も即、理解します。「ぎょうさん」を「たくさん」、「ぎょうさんな」を「多くの」と、頭の中で翻訳したりはしません。

　関東で生まれ育った人は「ぎょうさん」とは言わない。その意味では「ぎょうさん」は外国語のようなもの。でも「ぎょうさん」の意味を辞書でひいて学んだ人はまずいないでしょう。「ぎょうさん居てる」「ぎょうさんな人出」が理解されるのは、関西の役者・芸人さんたちのおかげかもしれません。関西出身でない日本人もドラマやお笑い番組で「ぎょうさん」が使われる状況 (＝適切な用例) に何度も触れたから、いちいち頭のなかで翻訳することなく「ぎょうさん」の意味を理解できる。

　「ぎょうさん」は漢字で「仰山」。立派な日本語なわけですが、「外国語がわかる」ことのたとえ話のネタとして使いました。「ぎょうさん居てる」を「たくさんいる」といちいち訳することなく、そのままの形で理解する —— 英語学習も、そうありたいですよね。

　英語の単語・表現を見聞きするたびに日本語の訳語が脳の中でチカチカと点滅し、和文が毛虫のように脳をはいずりまわる —— これでは、せっかく「英語をやっている」はずなのに、まるで鈍重な暗号解読です。「英語を読んでいる」はずなのに、脳に瞬時に浮かぶのは英単語とヒモツキの和訳あれこれ —— これでは英語がおもしろくなるはずがありません。

　英単語ごとに和訳をあてて文を理解するやりかたは、最初のうちは仕方ないでしょう。でも英語学習のターゲットはけっして、**英単語と和訳を**せっせと**ペアで覚えていくことではない**はずです。英語

ネイティブが英語を使うとき、「英単語を見聞きするたびに和訳を思い浮かべる」なんてことは、ありえないわけです。日本語ネイティブのわれわれも、基本の英単語を2,000語ていど身につけたあとは、できるだけ**英単語にまとわりつく和訳を切り離す。英単語を日本語から解き放つ。**英単語が、日本語を経由することなく、そのままイメージへと結びつく。やさしい英語へと言い換え表現が浮かんでくる —— これを英語学習の目標にしたいです。

英英辞典は、英単語を日本語から解き放つツールだ

　動物や植物、身のまわりのモノや料理名の英単語。そういう単語なら、Google画像検索を使えば英単語とイメージをじかに結びつけることができます。写真を見れば一目瞭然ですね。和訳からはおさらばです。

　モノだけではありません。例えばprecariousという形容詞。Googleで画像検索すると「突き出た場所で塗装作業をする作業員」「指でちょっと押せばすぐに崩れそうな石積み」「高いところでアクロバットをする芸人」などの危なっかしい写真がいっぱい出てきて、precariousの意味を和訳なしで教えてくれます。

picnic と hiking —— ピクニックとハイキングって、どこがどう違うのでしょう。この質問をすると、わたしがやっている英語教室の受講者の皆さんはたいてい口ごもるのですが、Google 画像検索なら一発です。picnic を画像検索すると、緑地に敷物をしいて色とりどりの食べものを並べた写真がいっぱい。hiking を画像検索すると、リュックをかついで登山道を歩く人々の列。

こうやって、すべての英単語の意味が Google 画像検索で氷解すれば御の字ですが、なかなかそういうわけにもいきません。

そこで万能ツールとしておすすめしたいのが、英英辞典。

昔ながらの紙の辞書から、電子辞書版、さらには PC やスマホで使えるウェブ版、そしてスマホ用のアプリもあります。

英英辞典を使うと、英和辞典よりも時間を食う。それは事実です。とくに、英英辞典に入門したてのころは！　語釈（＝単語の意味説明）を読むのに時間がかかるし、語釈だけではいまひとつピンと来ないので例文にも目を通さざるをえない。

TOEIC にも英検にも英文和訳問題はない

でも、急がば回れ。英英辞典を使うことで、知らず知らずに**TOEIC対策・英検対策がバッチリできてしまうこと**、知っていましたか。

TOEIC にも英検にも、英文和訳の問題はゼロ。では受験者の語彙力を TOEIC・英検はどうやって測っているのでしょうか。**英単語を和訳するのではなく英語で言い換えて**、それを四択問題に盛り込むことで受験者の語彙力をみるのです（「四択問題」の例は第3章をご覧ください）。英語を英語で言い換える —— まさに英英辞典がやっていることです。

このからくりに気づかず、**英和辞書や英和単語集だけで勉強していては、いつまで経ってもスコアを伸ばす取っ掛かりがつかめない。**

英英辞典を使って TOEIC・英検コンプレックスを乗り越えたいです。

　英英辞典には、さまざまの種類があります。ネイティブでない学習者向けに作られた英英辞典なら、2,000語ほどの基本単語だけを使って語釈が書かれていて、高校2年以上なら使いこなせてほしい。優秀な生徒さんなら中学3年になったら挑戦してみてほしい。いっぽう、ネイティブ向けの辞書となると、語釈がやたらむずかしかったり発音記号が省略してあったり。

　英英辞典は、入り方を間違うと挫折します。

　わたし自身は、根っからの語学好きでありながら入り方を間違え、英英辞典を常用するようになったのはなんと36歳になってからでした。初めて英英辞典を手にしたのは高校生のときでしたが、辞書の選択を誤って挫折。大学に入って、またまた挫折。商社で勤務しつつ、また挫折。三度も挫折してトラウマ続きの英英でしたが、1995年にすてきな英英辞典に出会ってからは身近なところに英英を置いて英語力も一段と伸びました。この辺の詳しい話は、第7章〜第8章をお読みください。

　読者の皆さんには、**挫折することなく英英辞典の世界に入り込んで**ほしいのです。ぜひとも、その手助けをしたいと思って、初心者向けの英英辞典を重点的に取り上げています。

英英辞典への入り方、4つのポイント

　ひょっとして、いまどき辞書を語るのは、時代への逆行でしょうか。日本経済新聞で教育問題を取り上げるページのコラム「受験考」（2022年9月6日付）は、こんな出だしです：

　「英語を指導していると、以前に比べ辞書を使う中学・高校生が減ったと感じる。そもそも英和辞典を持っていない中学生もいる」

　中高生と言わず、わたしの教室の受講者の皆さん（30代〜50代の社会人）も、スマホの Google 検索でチャッチャッと英単語の和訳を見てすませたり、英作文でも日本語表現の Google 訳をコピペしてすませるひとが多いです。ちょっと、もったいない気がします。

　紙版でもアプリ版でも、辞書は丹念に読むのがわたしの習慣です。せっかく編者が選（よ）りすぐってくれた用例の数々も目を通します（自室にいるときは努めて音読）。留学経験ゼロですが、英英辞典にミニミニ語学留学させてもらっていると、本気で思っています。

　わたし自身は机に向かっているときは「紙」派（辞書をめくってあちこち読みふけってしまうタイプ）ですが、PC やスマホでの Google 検索も多用しますし、電車内で英単語を調べるのはスマホにダウンロードした英英アプリです。

　わたしが愛用している *"Oxford Dictionary of English"*（英国）と *"Merriam-Webster Dictionary"*（米国）のスマホ用アプリは、重たい紙版より文字も見やすいし、**語釈で使われているどの単語でもタッチするとその単語の語釈に飛んでくれて便利**。ただ明らかに英語ネイティブ向けで、語釈にけっこう難しい単語もあり、英英入門者がいきなり使うと自爆死します（Merriam-Webster は「やさしい英語版」を追加できる機能がついており、これについては p.022 で詳しくご紹介します）。

　スマホ用アプリとウェブ版の辞書サイトをいろいろ見てみましたが、PC やスマホでアクセスできる英英辞典は現状、残念ながら、上級者向けにほぼ限られるようです。電子辞書版の英英ももっぱら上級者向けのものです。

　紙版の英英辞典には、非ネイティブの初級・中級英語学習者向けに作られたものがいろいろそろっています。英英への入門は、まずは1冊、初級・中級用の英英辞典を手にとって英英の大平原の景色を眺め、少しずつレベルを上げながら（2〜3冊の英英辞書を渡り歩きつつ）ウェブ版やスマホ用アプリへと移行なさることをおすすめ

したいです。そんなわけで本書では、わたし自身のズッコケ英英遍歴を記した第7章〜第8章を除き、基本的に初級・中級用の紙版の辞書から語釈の実例をとっています。

英英辞典への入り方。わたしがおすすめするポイントは4つ──

(1) まずは**初級学習者向けの紙の英英辞典**を1冊手にいれ、ぱらぱらと、あちこちめくってみて**全体像をつかみ英英辞典の雰囲気になじもう。**

(2) いきなり知らない単語をひいてみるのではなく、まずは dog, book, read, hot のような**知っている基本単語**をひいて、**説明**(語釈)**と用例を読んでみよう。**

(3) 「英和から英英へ一気にジャンプだ!」などと大それたことを考えず、**語釈にわからない単語が出てきたら、**当分のあいだは**英和辞典も使って語釈の意味を理解**しよう。

(4) まさかと思いますが、英英辞典の**長々しい説明**(語釈)**を暗記しようなどと思わない**こと。**言い換えに使える単語や役に立ちそうな用例を覚える**のは、もちろん、いいことですが。

スマホの英英アプリで入門するには

とはいえ、紙版の辞書と聞くだけで、もうそれだけで心が引けてしまうひともいるでしょう。ABC 順をたどってページをめくり単語を探すなんて、ゾッとする……。そんな入門者にも**比較的使いやすいと思われる英英のスマホアプリ**を2つご紹介しておきましょう。

ここで「比較的使いやすい」というのは

① 語釈がほぼ基本単語で書かれていて詳しすぎない
② 文字が読みやすい

の２点を満たしているからです。

　一つ目は、定評ある米国の辞書出版社の "**_Merriam-Webster Dictionary_**" です。**有料購読版**（2023年時点で年額650円）は「やさしい英語」版へ難易度切替えができます。

　まずは無料版をダウンロード。この段階では難易度切替え機能はついておらず、語釈は標準版の難しい英語（ネイティブの大学生レベル）で書いてあります。使っていると、Add referen　ｃｅｓ　＋ Remove Ads 機能を有料取得しましょう、とアプリのほうからお誘いがかかります。この「検索内容追加＋ポップアップ広告削除」機能を有料購読すると、各単語の語釈の上部に［Collegiate］（標準版、ネイティブの大学生レベル）と［Kids］（やさしい英語、ネイティブの小学生レベル）を選べるアイコンがあらわれます。単語によっては［Medical］（医学用語）とか［Legal］（法律用語）のように専門語辞典の語釈を選ぶアイコンも出ます。

　【注意】1,220円ポッキリの有料買切り版は、ポップアップ広告は削除されますが、Kids 用や専門語辞典検索の追加機能がありません。

　［Kids］アイコンから飛べる「やさしい英語」版は、どんなふうにいいのか。

　例えば、business を引くと、標準版（Collegiate）では

> a ùsually commércial or mércantile actívity engàged ìn as a méans of lívelihood

　いち読したとたん爆死しそうになります。mercantile って何？ engaged in って、ややこしそうだな。livelihood って live と関係あるのかな……？

　訳せば「ふつう商売ないし商業上の行為であり、生計をたてる手段として営まれるもの」。

　これが、やさしい英語版（Kids）では

> the actívity of màking, bùying, and sèlling góods or sér-
> vices

　これなら中学生の学校英語でも理解できるでしょう。「商品やサービスを作り出したり買ったり売ったりする行為」です。goods は「商品」か、勉強になった！というふうに、新たな気づきで語彙を広げる助けになるのも英英辞典のありがたいところです。英和辞典で「ビジネス、商取引」という和訳を見ているだけでは周辺語彙は増えませんから。

　じつはこのやさしい英語版 (Kids) は、紙版の *Merriam-Web-ster's Elementary Dictionary* (p.217でご紹介します) の内容をスマホアプリに落とし込んだものです。

　紙版はどのページにもカラーの写真やイラストがある楽しい作り（スマホアプリ版には写真・イラストは含まれていません）。8〜11歳向けと銘打たれており、いわば米国人の「小学国語辞典」です。ネイティブ向けなのに用例もかなり豊富で、ネイティブではない我々にも読みやすい辞書です。ただ、いかにもアメリカンサイズ（縦26cm×横21cm, 上質紙824ページで重さが1.66 kg もある）なので、おそらく日本の学習者は紙版を買っても持てあましてしまうでしょう。

　この優(　)れた初・中級英英が、スマホ上で使えるようになって、ほんとうによかった。

アプリを選ぶなら、見やすさ重視で

　もうひとつ、比較的とっつきやすい無料の英英アプリをご紹介しましょう。"*LexicEN Lite* 英英辞書" です。米国のプリンストン大学とカーネギー・メロン大学が編纂にかかわっています。

　なぜ「とっつきやすい」かというと、語釈は黒、用例はイタリッ

ク体（斜体）で茶色、同義語は青、類義語はオレンジ色、反対語は
赤というふうに色分けされていて、小さなスマホ画面でも読みやす
く感じられるのです。

　この辞書で business を引くと、商取引にあたる語釈は

the actívity of provìding góods and sérvices invòlving fináncial and commércial and indústrial áspects

　たまたまこの語釈はやや長いですが、語彙レベル的には高校1年
生なら理解できてほしいです。「商品とサービスを供給する行為で
あり、金融や商取引や工業にかかわる面をともなうもの」。

　無料版はポップアップ広告がやや煩わしい。わたしは有料版の
「LexicEN 英英辞書、オフライン対応！」（370円で買切り）をダウン
ロードしました。有料版にすると、すべての例文の音読（AI の自動
音声）も聞けます。

電子辞書を使うときの注意点

　電子辞書派のかたもいるでしょう。いま販売されている電子辞書
に入っている英英辞典はたいてい、*Oxford Advanced Learner's
Dictionary of Current English* と *Longman Dictionary of Con-
temporary English for Advanced Learners* の2つです。

　どちらもすばらしく良い辞書です。わたしはこの2つの辞書の紙
版を身近に置いています。

　どちらのタイトルにも advanced learner（上級学習者）向けとあ
ります。ネイティブ向けではなく、英語を第2言語として学ぶ学習
者を意識して作られているので、語釈に難しい単語は使われません。
その点はありがたい。ただし、あくまで「上級者向け」です。

　じつはオックスフォードもロングマンも、英語を第2言語として

学ぶ学習者向けには「初級者向け (Basic または Primary あるいは Essential)」と「中級者向け (Intermediate)」と「上級者向け (Advanced)」の3つのレベルの辞書を用意しています。これら3つのレベルのうち、日本で出ている電子辞書に収録されているのは「上級者向け」、つまり3段階の最上級のものなのです。語釈が詳しく書かれ、記述も多岐にわたっています。

　電子辞書版が残念なのは、通常画面では用例が隠されていて、[用例] というアイコンをタッチしてはじめて用例が読めるようになる点です。

　紙の辞書だと、自然と用例も目にはいってきます。わたしは紙の辞書と長年つきあったこともあり、用例もたんねんに読む習慣が身についてしまいました。辞書の用例というのは編者が「これは!」と思うものを掲載しているわけで、わたしなどは「自分の英語は辞書の用例を読むことで上達した」と本気で思っています。ですから電子辞書を使うときも、**基本動作として [用例] のアイコンを押して例文まで目を通す**わけです。

　しかし、そもそも辞書の用例を読むことに慣れていない学習者だと、[用例] アイコンを押そうという発想はゼロでしょう。

　紙版ないしスマホアプリ版の辞書で、用例まで読み進む習慣をぜひつけていただきたいなと切に願っています。

正しい文強勢マスターのだいじさ

　第1・第2アクセント符号が入ったテキストが、これからの章でどんどん登場します。ここまで徹底してアクセント符号を振った英語参考書は世界でも珍しいのではないかと思いますが、趣旨を生かして音読してくだされば、きっとためになるはずです。

　日本語はどの音節も均等の強さで読む、じつに平板的な言語ですが、これとまったく対照的に**英語は強弱のメリハリをとことんハッキリさせる言語**です。学校英語でこの「メリハリ」を意識的に指導している先生はまだまだ少ない。

　個々の単語を完璧に正しく発音していても、文全体としては日本語流に平板な読み方をする学習者が多い。強弱のメリハリのない英語は、ひと昔まえの映画に出てくるロボットのことばみたいで、理解されづらくなります。

　逆に、英語らしさを何とか追求すべくメリハリをつけたはいいが、強弱のつけ方が自己流になっていて、奇異な印象を与えるひともいます。これも理解されづらいし、非常に「ヘタな英語」めきます。

　一定のルールはありますから、それをこれからご紹介しますが、実例で場数を踏むのがいちばんです。

☑ 正しい文強勢は英語の必須要素

　昭和から平成一桁の時代には、Jisu izu a penshiru. Zatto izu a bukku. みたいな発音で教壇に立つひともいた。「This is a cat. と言ったら Jisu izu a kyatto. と直されて、英語がきらいになった」と語る受講者がいました。

　いまどきは日本人が苦手だとされた th の発音や L と R の区別も、できない人はごく少数。その一方で hat, hut, hot, hurt のような「ア」に聞こえる多様な母音の区別は、まだ指導の盲点になっているようです。綴り字に引きずられて work や won (win の過去形) を「ウォーク」「ウォン」、war や warm を「ワー」「ワーム」と発音する受講者も驚くほど多い。その他、heroine (ヒ**ロ**インではなく**ヘ**ロゥインが正しい) など、発音が間違われやすい単語も数多くあります。

　英語発音は「個々の単語をどう発音するか」おさえておけばいい —— 圧倒的多数の学習者は、おそらくそう考えているのではないでしょうか。

　Sapiens: A Brief History of Humankind (邦題『サピエンス全史』) などのベストセラーを出し、数々の講演も精力的にこなすイスラエル人の Yuval Noah Harari 教授。オックスフォード大で博士号を取得、じつに理知的な英語。わたしは非ネイティブとしての英語の話し方の師匠と仰いでいます。

　じつは、ハラリ教授の個々の英単語の発音には "間違い" も少なからず。neuron を「ノイロン」、bomb を「ボンブ」、fundamental を「フンダメンタル」、law を「ロゥ」と発音してしまうのがハラリ流で、この部分はわたしも真似ません。

　しかしそのハラリ教授も、**英語としての強弱のメリハリ** (文強勢) **はきっきり正しいです。だから聞いていてわかりやすいし、すこしくらい単語レベルでクセがあっても英語として奇異には響かないの**です。

　正しい文強勢は、正しい単語発音以上にだいじなのですよ！と声を大にして叫びたい。世界を見渡せば「インド英語」「フィリピン英語」「オーストラリア英語」など母音・子音のレベルでは英語は多様化していますが、それらいずれも英語としての強弱のメリハリのつけ方には違いがありません。英語の英語たる核心 (コア) の部分こそ、文強勢なのです。

　だから、強弱のメリハリのつけ方がおかしい英語は、もう「英語とは呼べない」のだと、わたしはあえて申し上げたい。

☑ 文強勢の基本ルール

　平板が基調の日本語でも

「わたしは反対**ダッ**た。でも今は違う」
「わたし**ワ**反対だった。でも結局は多数決で却下された」

など、臨機応変に強勢をつけることはありますね。メリハリが好きな英語はなおさら臨機応変が得意ワザですから、以下に述べるルールはあくまで**目安**ていどと心得てください。でも、目安（＝デフォルト、臨機応変以前の初期設定としてのルール）を知っておくのはだいじです。

1. 弱く読む単語（場合によっては聞こえないくらい弱く）

（1）冠詞の a, an, the
　　ただし the を「まさにその〜」という意味をこめて強く読むこともある（そういうときはイタリック体（斜字体）で書かれる）。
（2）前置詞
　　in, on, at, of など（ただし off と through は比較的強く読まれる）。
（3）代名詞
　　you, your, he, his, him, they, them, their, one, something, someone など。関係代名詞の who, which, that や関係副詞の how, where, when などもこれに準じる。
（4）助動詞

be 動詞（進行形や受動態を示す）, have と had（完了形を示す）, will, can, may, should, could など。ただしこれらが文や節（clause）の末尾にきたときは一般動詞なみに強く読まれる。

(5) 接続詞

and, but, as, since や She said that she is OK. の that（〜と言う）など。

（このうち and は、bread and butter（＝「飯のタネ」、主な収入源）では子音の "n" だけになってしまうほど弱いが、「そしてですねぇ」という意味をこめて強く読むこともある。but も同様）

2. 最も強く読む単語

(1) 強調の役目を背負った副詞

only, just, enough, too, else や It's thát fùnny. の that（そんなにも）など。

例 good enóugh, what élse, something élse

(2) 数詞

twó péncils の two を弱く読むと、to péncils のように聞こえる。

(3) 疑問詞

who, which, how, where, when など。

(4) 否定詞

no, none, never, nowhere など。ただし not は文脈しだい。

例 She tóld me nòt to dó it.（not to, nót to も可）

(5) 間投詞

Oh! Hi! Hey! など。

(6)「動詞＋副詞」型の句動詞の副詞

She wènt awáy. They will gìve it úp. の away や up.

（それぞれ gò awáy と gìve úp という句動詞の副詞部分）

(7) 主語、目的語、述語動詞、補語などの中核部分となる名詞、動詞、形容詞

とくに、これらが文や節 (clause) の末尾に位置しているときは強く読まれる。

（ただし代名詞はつねに弱く読まれる。I bòught a bóok. の book は bought より強く読まれるが、I bóught it for her. の it for her は弱く読まれる）。

(8) アルファベットの大文字からなる略語を文字名で読み上げるときは最後の文字が強く読まれる。

the U.S.A., the FBI, a CD はそれぞれ語末の A, I, D が強く読まれる。

（ただし NATO は文字名を読み上げるわけではないので、「**ネ**イトゥ」のように NA の部分が強くなる）

3. 強・弱のバランス

(1)【強＋弱】のパターン

① 名詞＋名詞

a báseball plàyer（「野球」＋「選手」）

an Énglish tèacher（「英語」＋「教師」）

② 形容詞＋代名詞

I'll tàke the réd one.（「赤いの」をもらいます）

(2)【弱＋強】のパターン

① 形容詞＋名詞

bàsic fácts（「基本的な」＋「事実」）

Ènglish lífe（「英国的な」＋「生活」）

② 名詞＋形容詞

since tìme immemórial（記憶されざる太古のころから）

live a lìfe háppy and fulfílled（しあわせで満ち足りた人生をすごす）

③ 動詞＋目的語・補語

pày some móney

remàin sílent

④ 動詞＋前置詞句

lìsten to músic

engàge in vàrious actívities

(3) 句動詞の【弱＋強】が、名詞化すると【強＋弱】になる

①「動詞＋副詞」型の句動詞（2語）は【弱＋強】のパターンである。

　例 knòck óut the òther mán（相手の男をノックアウトする）

② そのまま1語の名詞にすると【強＋弱】のパターンに変化する。

　例 wìn by a knóckout（ノックアウトで勝つ）

☑ 文強勢であらわされる品詞の区別

　これらの基本ルールでお気づきのとおり、同じ単語でも文中での働き（品詞）によって強弱がわかれます。

　例えば that は

- 副詞「そんなにも〜」として働くときは、**強く**
- 指示代名詞「それ」「その〜」として働くときは文脈しだいで**強弱自在**
- 接続詞「〜と」「〜という」として働くときは、**非常に弱く**
- 関係代名詞として働くときは、**非常に弱く**

　わたしが教える受講者のほとんどが、that と見ればどの that も同じ強さで発音するところからスタートします。だって、日本の学校英語では that の強さ弱さのメリハリなど教えてはくれませんから。
　when は「いつ?」という疑問詞なら強く読み、「〜するとき」という接続詞なら弱く読みます。

Àsk sómeone whén she came hére.
（彼女がいつここへ来たのか、誰かに聞いてごらん）

She lòoked tíred when she came hére.
（彼女はここへ来たとき疲れているようすだった）

　英語の前置詞の多くは、副詞としても機能しますね。そして**前置詞として使われるときは非常に弱く、副詞として使われるときは強く**読まれます。
　例えば

- 前置詞の on「〜の上で」は非常に弱く、副詞の on「継続して」は強く
- 前置詞の in「〜の中で」は非常に弱く、副詞の in「内部へと」は強く

　受講者に英文をいちど音読してもらっただけで、ちゃんと意味を理解して読んでいるのか、だいたいわかるものです。「どこで間をとっているか」「どの単語を強く、どの単語を弱く読んでいるか」がポイントです。
　逆にいえば**「間のとり方や単語の強弱を間違えた英語」は理解不能の英語となります。**一般にスピーキングのテストは、**全体の印象と文法ミスの有無で評点がつけられる**ので、**正しい文強勢を身につけるのはスコアアップの重要ポイントとなります。**

日本語にしばられる、
しばられない

◢ *Introduction*

「英和辞典1冊あれば、英語なんて、どんと来いだ！」
しかし、ちゃんと英和辞典が使えているのでしょうか？
さいしょの訳語だけパッと見て、1語3秒で済ませるひとが、い
かに多いことか。
challenge は「チャレンジする」
boring と bored は「退屈な」
cruel は「残酷な」
—— 英単語を決まりきった和訳語に置き換えるクセを助長する
英和辞典。そのツケは大きい。実例でお示しします。

challenge は「チャレンジ」ではない

　強みも弱みは人によってさまざま。サクマさんは意欲的で粘りづよい学習者ですが、粘りが災いして同じ凡ミスを繰り返すことも。

わたし： Sakúma-san, téll me, whát are your pláns for nèxt wéek?（サクマさん、来週はどんな予定ですか）

サクマ： I'm going to chállenge the TÓEIC tèst. This will be my thírd tíme to chàllenge TÓEIC.（TOEIC テストに challenge します。TOEIC に challenge するのは 3 度目です）

わたし： Oh, whàt's wróng with TÓEIC? Are you so unháppy with TÓEIC?（え、TOEIC に何か問題でも？　TOEIC にそうとう不満があるんですか）

サクマ： Wèll, my scóres in the lást còuple of tésts were múch lówer than I expécted.（過去 2 回のテストのスコアが思ったよりずっと低かったのです）

わたし： So you are going to chállenge TÓEIC. Are you going to críticize TÓEIC in your blóg or on Fácebook? Máybe you are going to sáy mány of the quéstions there are nòt próperly prepáred to méasure your abílity in Énglish, ríght?（それで TOEIC に対して challenge するというわけですね。ご自分のブログか Facebook で TOEIC を批判するわけですか。TOEIC の出題の多くが、英語の実力を測るためにうまく作られてはいないと言いたいってところでしょうか、どうですか）

※サクマさんをはじめ、本書のなかに、ハットリさん、ノグチさんという 3 人の個性的な受講者とわたしのやりとりが出ていますが、これらは実在する受講者とのやりとりのエッセンスを再現したものです。3 人のお名前は実名でなく変えてあります。

サクマ： ……あ、またやっちゃいましたかね。

わたし： はい、以前にも、ご指摘しましたね。「チャレンジする」
は challenge ではないです。Let me àsk you agáin, whát
are your pláns for nèxt wéek?（もういちど聞きますね。来週
はどんな予定ですか）

サクマ： I'm going to trý the TÓEIC tèst agáin.（TOEIC テスト
をもういちど試してみます）

わたし： Fíne. I hòpe it will be a gòod trý.（そうですか。いいチ
ャレンジになりますように）

日本語の「チャレンジする」は英語では「トライする (try)」に
置き換えれば、とりあえずいいんだけど、いちいち「ものは試
しで」と強調することもないよね。

日本語でいう「〜にチャレンジします」は要するに「思い切っ
て〜します」「ちゃんと〜するつもりです」ということだから、
発想を変えてみたらどうかな。例えば

I'm going to tàke the TÓEIC tèst. It's nòt éasy.

（TOEIC テストを受けます。楽勝じゃないですよ）

バレーボールなどの試合中の、あの「チャレンジ」

　サクマさんは文法もしっかり身につけていて優秀なのだけど、日
本語の「チャレンジする」を、そのまま challenge と言ってしまう
クセがなかなか抜けません。

　バレーボールなどの試合中に、監督が「チャレンジ」を申し入れ
ることがありますね。審判の判定は間違いだ！と「異議を申し立て」
て、ビデオ判定を要求する、あれです。この「チャレンジ」が英語
の challenge です。「異議を申し立てる」「いちゃもんをつける」。

　challenge は動詞や名詞として使われるわけですが、日本語の

「チャレンジ」と重なる部分はゼロではないものの、意味の重なりはごくわずかです。英英辞典が challenge をどう説明しているかを見れば、納得感が増します。

まずは動詞の challenge から見ていきましょう。

「異議を申し立てる」「いちゃもんをつける」という語義は、次のように説明されています。

> **challenge:** to tést or quéstion sòmeone || *I did nòt thìnk he was ríght, so I chállenged him.* (Longman Basic English Dictionary)

（誰かのことに探りを入れたり疑問視したりする || わたしは彼が間違っていると思ったので、彼に疑問を投げかけた）

> **challenge:** to tèll sómeone you do nòt accèpt their rúles or you thìnk they are wróng || *The eléction resùlts are being chállenged.* (Cambridge Essential English Dictionary)

（誰かに対して「あなたのいう決まりには従わない」ないし「あなたは間違っている」と言う || 目下のところ、選挙結果には異議申し立てがなされている）

> **challenge:** to refùse to accépt a sèt of rúles; to sày that you thìnk sómeone or sómething is wróng || *She does nòt lìke ányone chállenging her authórity.* (Oxford Basic American Dictionary)

（ひとまとまりの決めごとを受け入れるのをこばむ；誰かあるいは何かが間違っていると思う、と口に出して言う || 誰であれ自分の威光にたてつく者のことを彼女は好まない）

なんと英英辞典でお局様（つぼね さま）例文に遭遇してしまいました！

　ご覧のとおり、「トライする」「やってみる」という意味の「チャレンジする」とはまったく異なります。
　「選挙結果に challenge する」は「選挙結果がおかしいと声をあげる」という意味ですから、「TOEIC テストに challenge する」も「TOEIC テストがおかしいと声をあげる」という意味になってしまうわけですね。

　「異議を申し立てる」ということは「相手に勝負をしかける」ことでもありますね。「いざ勝負！と相手をさそう」のも challenge です。

challenge: to invìte sómeone to fíght or plày a gáme with you || *Jáckson chállenged O'Meára to anòther gáme.*
(Collins COBUILD Primary Learner's Dictionary)

（戦いや試合の相手として誰かをさそう || ジャクソンはオメアラに対して、もういちど勝負させてくれと申し入れた）

challenge: to àsk sómeone to plày a gáme with you or fíght with you to sèe whó wíns || *The bóxer chállenged the wòrld chámpion to a fíght.* (Oxford Basic American Dictionary)

（誰かに対して、その誰かと自分のどちらが勝つか確かめるために、試合や戦いの相手となってくれるよう求める || ボクシング選手は世界チャンピオンに一戦を申し入れた）

challenge: to àsk sómeone to compéte in a gáme or fíght || *He chállenged me to a gàme of ténnis.* (Cambridge Essential English Dictionary)

（誰かに対して、試合や戦いで競うことを求める || 彼はわたしにテニスの試合を挑んできた）

ボクシングにひきつづき、テニスでしたね。

> **challenge:** to òffer to fíght or plày a gáme against sòme-
> one || *Their schóol chàllenged óurs to a fóotball màtch.*
> (*Longman Basic English Dictionary*)

（誰かに対して、戦ったり試合をしたりすることを申し入れる || 彼ら
の学校はわが校にサッカーの試合を挑んできた）

こちらはサッカーでした。

🗨 例文は脳内に単語のイメージを確実に残してくれる

　ここで脱線して、辞書の「例文の力」について少し論じておきま
しょう。
　「勝負を挑む」という語義の例文がいずれもスポーツの話題にな
っていますね。例文を何度か読んで、例文そのものを記憶にとどめ
られれば理想ではありましょうが、そこまでしなくても「ボクシン
グ（あるいはテニス、サッカー）をネタにした例文だったなぁ。勝
負を挑んでたよなぁ」といったイメージはおぼろに残るはずです。
　**そういう「例文が脳に残してくれるイメージ」が、単語の意味を
思い出す手がかりになってくれる**。単語の意味は、その**「単語が使
われる状況のイメージ」として脳に定着する** —— 少なくともわた
しの場合はそうです。だから、「例文ないし用例なしで単語を覚え
る」のは、わたしにはとてもできないことです。
　例文をよく読めば、単語の適切な使い方も浮かび上がってきます。
いずれも "challenge ダレソレ to ナニナニ" という形になってい
ますね。chàllenge sómeone to sómething です。それでもって
「ダレソレにナニナニを挑む」という日本語に相当するわけです。

名詞の challenge は「やっかい」だ

　こんどは名詞の challenge が英英辞典でどう説明されているか、見てみましょう。

　「いちゃもんをつける」「勝負をいどむ」が動詞 challenge だとすれば、「自分へのいちゃもん」「いざ勝負！と自分に対して呼びかけてくるもの」が名詞 challenge の基本的な意味です。つまり「やっかいなもの」。

> **challenge:** sòmething that is dífficult to dó ‖ *His fírst chállenge was lèarning the rúles of the gáme.* (Collins CO-BUILD Primary Learner's Dictionary)

（するのが難しいこと ‖ 彼がまず直面した課題はゲームのルールを覚えることだった）

　この語釈 sòmething that is dífficult to dó は6語からなっていますが、ひらたく言えば sòmething that is dífficult だし、もっと平たく言えば something dífficult つまり dífficulty です。

　わたしはレッスンで名詞の challenge が出てくるとたいてい「difficulty と読み替えてください」と説明します。だいたいそれでもって解決します。

> **challenge:** a néw or dífficult thìng that màkes you trý hárd ‖ *Clìmbing the móuntain will be a rèal chállenge.* (Oxford Basic American Dictionary)

（自分がいっしょうけんめい頑張る（＝チャレンジする）よう強いてくる新たな事柄ないし難題 ‖ その山に登るのは真の試練となろう）

challenge: something dífficult that tèsts your abílity ||
Mánaging a làrge téam is quíte a chállenge. (Cambridge Essential English Dictionary)

（自分の能力が試されるような困難 || 多人数のチームをまとめていくのは、かなりの難題だ）

challenge: a tést of abílity || *To buìld a brídge in a mónth was a rèal chállenge.* (Longman Basic English Dictionary)

（能力を試しにかかってくるもの || 1か月で橋をつくるのはまさに難関だった）

　日本語の「チャレンジ」は「こちらから仕掛けていく挑戦」。それに対して英語の challenge は「こちらに向かって挑んでくるもの」なわけです。日本語の「チャレンジ」と英語の challenge は、はたらきかけの方向が逆なのです。

動詞、名詞のあとは形容詞……

　直近の3つの例文は、challenge という形容詞を使って言い換えることができます。

Clìmbing the móuntain will be a rèal chállenge.
⇨ Clìmbing the móuntain will be **réally chállenging**.

Mánaging a làrge téam is quíte a chállenge.
⇨ Mánaging a làrge téam is **quìte chállenging**.

To buìld a brídge in a mónth was a rèal chállenge.
⇨ To buìld a brídge in a mónth was **réally chállenging**.

図式にすれば、こうなります。

- 名　詞　challenge　　= difficulty
- 形容詞　challenging = difficult

形容詞 challenging が英英辞典でどう説明されているか、見てみましょう。

> **challenging:** dífficult, in a wày that tèsts your abílity or determinátion || *This has been a chàllenging tíme for us áll.* (*Cambridge Essential English Dictionary*)

（能力や本気度を試しにくるような感じで手ごわい || このところ、我々みんなの決意のほどが試される局面が続いている）

> **challenging:** dífficult in an ínteresting wày that tèsts your abílity || *a chàllenging pìece of wórk* (*Oxford Basic American Dictionary*)

（プラスの意味で能力を試しにくるような感じで手ごわい || 手ごわいが、やりがいのある仕事）

どちらの英英も challenging を difficult で言い換えていますが、「ネガティブな意味じゃなくて、前向きな意味で difficult ですよ」と説明しているのが、上掲2つ目のオックスフォード英英です。

in an ínteresting wày「興味をそそるごとくに」というのがわかりにくいかもしれませんが、interesting といういのは前向き・ポジティブな意味合いです。困難だ、といっても「よォし、やったろやないか！という気にさせるような」困難なのですね。

上級者向けの英英では、このあたりがさらに明確です。

> **challenging:** dífficult in a wày that is ùsually ínteresting or enjóyable || I find the jób chállenging and fún. | Téaching is chàllenging but rewàrding wórk. (Merriam-Webster's Advanced Learner's English Dictionary)

（興味をかきたてたり楽しませてくれたりといった、ふつうそういうかたちで手ごわい || その仕事はやりがいがあって楽しめると思う | 教育は、一筋縄ではいかないが報われることの多い仕事だ）

就活のチャレンジは challenge か

さて、ここでダメ押しです。

就活にいそしむ学生さんを想定してみましょう。自動車業界に興味をもっていて「トヨタとホンダにチャレンジするつもりです」。英語では……

I'm going to chàllenge Toyóta and Hónda.

あれ？　これって、マズくないですか？

ここでいう日本語の「チャレンジする」は、単に「応募する」という意味ですね。だから、あっさり

I'm going to applý to Toyóta and Hónda for jób ìnterviews.
（わたしはトヨタとホンダに就職面接の申し込みをするつもりです）

あるいは

I would réally lìke to wórk for Toyóta or Hónda.
（トヨタかホンダで働きたいと思っています）

「チャレンジする」という字面（じづら）にこだわらないこと。伝えたいメッセージが何なのか、一度自分のなかで消化してみることです！
　さて「Toyota と Honda に challenge する」という問題含みの英文だと、どういう意味になるでしょう。

I'm going to chàllenge Toyóta and Hónda.
（わたしはトヨタとホンダに異議申立ての勝負を挑むつもりだ［トヨタとホンダに抗議して「出るとこへ出ましょうか！」と言うつもりだ］）

　就活生が言うべきことではないようです。
　次のように、日産やマツダなどの競合他社がトヨタ・ホンダに対して言うのなら、大いに「あり」です。

We are going to chàllenge Toyóta and Hónda in this márket.
（わが社はこの市場でトヨタやホンダに対抗して一戦交えるつもりです）

　まとめに入ります。
　「チャレンジする」という外来語は、「挑みかかる」→「挑む」→「思い切ってナニナニする」のように日本語の「挑む」という動詞を経由することで意味を変容させつつ、日本語の基本語彙に入ってしまいました。
　「チャレンジは challenge ではありません」と何度言われても、なかなか呪縛は解けず、まず日本語で「チャレンジする」と発想し、そのまま challenge と英語にしてしまいがち。ないしは、英文で challenge という単語を見たときに「チャレンジ」とカタカナ和訳しつつ、「どうもしっくり来ないな」と首をひねりがちです。
　英英辞典を見れば、challenge を別の英語表現で言えばどうなるか教えてくれます。
　動詞 challenge は to tést or quéstion sòmeone とか to invíte

sòmeone to fíght という意味だよと教えられれば、「challenge ⇨
チャレンジする」ではないな！と納得感が高まります。端的に言え
ば、ABC challenges XYZ. は ABC is against XYZ. です。Níssan
chàllenges Toyóta. は Níssan is àcting against Toyóta. という関係
ですね。

　名詞 challenge は difficulty と言い換え、形容詞 challenging は
difficult ととりあえず言い換えればいい。動詞の challenge は be
against と言い換えればいい！とわかれば、英文が読みやすくなり
ます。いちいち日本語の訳語を探し回って英語と日本語のあいだで
右往左往するよりも、英語の別の基本語で言い換えたほうがラクだ
し、英語を使う力を高めるのに役立ちます。

　英英辞典も悪くないな……と思っていただけたでしょうか。

「～すべく克己する」＝「～にチャレンジする」

　最後に大サービス。日本語で言う「～にチャレンジする」の意味
になるように challenge を使う方法が、じつは存在します。

　やや時代遅れ（？）の徳目に「克己」＝「おのれに打ち勝つ」とい
うのがあります。自分自身の惰性・たるみに勝負をいどみ克服すべ
くがんばる。

　英語の発想としては「自分自身に対して challenge する」わけで
すね。これは、ありです。

　Oxford Advanced Learner's Dictionary of Current English で
challenge の項を引くと、第4義としてこんな記述があります。

---

challenge: 4　~ **sb/yourself**　to tést sb's/your abílity and
skílls, espécially in an ínteresting wày || *The jób doesn't
rèally chállenge her.*

（第4義　ヒトを目的語として［somebody・他者 あるいは yourself・自分自身を目的語として］とりわけプラスの意味で、他者ないし自分自身の能力や技能を試す ‖ その仕事は彼女の実力のほどをほんとうに試すものではない［その仕事は彼女にはチョロい］）

【注】この yourself は「あなた自身」ではなく、"一般人称の you ＋ self" という形です（☞ p.136）。

"challenged myself" で Google 検索すると、こんな文にヒットしました。わたしなりの和訳とともに掲げてみます。

I chállenged myself to wálk for an hóur évery dáy, and I was surprísed by hów múch it impròved my mèntal and phỳsical héalth.

（わたしは毎日1時間歩くべく自らに対して挑んだ［＝わたしは毎日1時間のウォーキングにチャレンジした］。すると、自分の心とからだがめきめき健康になったのでびっくりした）

I chállenged myself to réad évery dáy, and it chánged my lífe.

（わたしは毎日読書をするよう自らに対して挑んだ［＝わたしは日々読書することにチャレンジした］。すると、わたしの生き方が変わった）

ここから chállenge oneself to dò sómething（なにかをすることにチャレンジする）と定型化できます。

さらに "challenged myself in" で Google 検索すると、こんな文があります。

I álways chállenged myself in dìfferent spórts.
（わたしはいつもいろんなスポーツにチャレンジした）

I chállenged myself in wrìting twó vèry dìfferent dráfts.
（わたしは2つの非常に異なる素案を書くことにチャレンジした）

　ここから chállenge oneself in sómething（なにかにチャレンジする）、chállenge oneself in dòing sómething（なにかをすることにチャレンジする）と定型化できます。

　これ以上の深入りはここではしませんが、日本語の「チャレンジする」を全部この定型にあてはめて challenge oneself でもって処理できるわけではありません。日本語の「チャレンジする」は「ものは試しだ」のノリで、せいぜい「〜してみる」ていどの意味です。それに対して英語の chállenge oneself to dò sómething は、オックスフォード上級英英の記述にもあるとおり、克己の覚悟でもって「能力・技能の高さが問われるようなことに挑戦する」ことです。

💬 その「退屈な」は bored か boring か

　これまで教えたなかで、いまだに心残りに思うのがハットリさんです。東南アジアの発電所の建設現場で技術指導にたずさわってきたひと。現地では英語でした。研修を依頼してきた企業の上司のかたから話があり、「彼はちょっとズレてるところがありますけど、面倒みてやってください」。

　やや身構えてレッスン開始。コテ調べに中学3年英語の教科書を駆け足でおさらいしてみると、毎回ちゃんと予習をしてくるしテキスト内容もしっかり理解している。発音を直すとぐんぐん良くなります。聞けば NHK「ラジオ英会話」を奥さまと仲むつまじく毎朝聞いているのだと言うではありませんか。ズレているどころか、ハットリさんこそ学習者の鑑（かがみ）では？

　気をよくして、米国のトーク番組の文字起こしテキストを使いはじめました。巡航速度維持かと思いきや、ひとつの文が長かったり、

意表をつく内容展開だったりすると、とつぜん麻痺してお手上げ状態になり、まったく先へ進めません。単語どうしのつながりを説明しても、あきらかに、うわの空です。

う〜ん、どうしてなんだろう……。

思い立って、ある日、質問しました。

わたし： ハットリさん、これって、どういう意味？
　　a báby sléeping in the béd

ハットリ： 「赤ん坊がベッドで寝ています」って意味です。

わたし： え！？　じゃぁ、A báby is sléeping in the béd. は？

ハットリ： 「赤ん坊がベッドで寝ています」ですねぇ。

わたし： おんなじですか？

ハットリ： はぁ、おんなじですねぇ。

わたし： じゃあ、a báby that is sléeping in the béd は？

ハットリ： 「赤ん坊がベッドで寝ています」。

わたし： え！？　この that って関係代名詞ですけど！

ハットリ： はぁ……。

いかん、ハットリさんは中学レベルの英文法がすっぽり抜けている！

TOEIC Reading テストの冒頭の楽勝問題にチャレンジしてもらったところ、案の定、結果はぼろぼろです。

わたし： ハットリさん、東南アジアでは一から十を察する現場力で乗り切ってこられて、それはハットリさんのすばらしい強みですが、文法がこの状態だと相当ヤバいです。技術仕様書がまともに読めないのでは？

英単語に向き合わず、和訳語に飛びついてきたツケ

　ハットリさんは残念ながら、**英語と日本語を単語レベルで右往左往しつつ「和訳語をその場で意味が通るように足し合わせて全体の文意を推測する」ことで英文を理解する**習慣をすっかり身につけてしまったようでした。日常会話では、現在分詞ではじまる形容詞句や関係代名詞はあまり出てこないので、おろそかにしてしまった。

　中学英語の学校教科書を訳読するぶんにはボロが出ない。しかし、長く複雑な文だったり意表をつく内容展開だったりすると、**和訳語の羅列から文意を推測するのはムリ**です。**文法スキル**の助けが欠かせません。

　ハットリさんのレッスン内容を全面的に改め、**中学3年生向けの文法練習問題**にひぃひぃ取り組んでもらうことにしました。そんな、ある日のこと。

> **わたし：** Hattóri-san, could you tèll me hów you spènt this mórning?（午前中にあったことを話してください）
>
> **ハットリ：** The règular méeting was vèry bóred.（×）（定例会がとても bored でした）
>
> **わたし：** You say, "The règular méeting was vèry bóring."（そういうときは、定例会がとても boring でした、ですよ）
>
> **ハットリ：** I was bóring the règular méeting.（×）（わたしは定例会を退屈させていました）
>
> **わたし：** You should say, "I was bóred with the règular méeting."（そういうときは、わたしは定例会に bored でした、ですよ）
>
> **ハットリ：** ……

ハットリさんから、「お手上げ」オーラがただよいます。

ハットリさんは bored も boring も瞬時に日本語の「退屈だ」に置き換える。それで何とかなってきたから、そういう習慣が染みついている。

だから、The meeting was bored.（×）も The meeting was boring. も同じく「会議は退屈でした」で区別がつけられない。

💬 文法参考書ふうに説明しますと……

予備校生向けの説明なら、こうです。

be boring は、定例会が「bore **する**状態にある」ってこと。bore は「退屈を**感じさせる**」だから、The règular méeting was vèry bóring. は定例会が「とても退屈を**感じさせる**状態にあった」。定例会が退屈感のスタートをつくっている。

それに対して be bored は、「bore **される**状態にある」ってこと。bore の受け身の「bore される」は「退屈を**感じさせられる**」だから、I was bóred with the règular méeting. は、わたしが「定例会のせいで退屈を**感じさせられる**状態にあった」。わたしは、退屈感の受け手側。

……こんな説明をハットリさんにしても、うわの空でしょう。能動態と受動態がちゃんとわかっていれば、くどい説明などほんらい不要なのですが……。英文法そっちのけで、脳内には英単語の和訳をズラリと並べて、理屈に合いそうな文意を推測することで乗り切ってきたハットリさんは、英語の受動態・能動態の区別など「どーでもいい」と割り切ってきた。英語を「システム」として身につけず、和訳語の判じ物としてモグラたたきで済ませてきたツケは、ずっしり重かったのです。

　英文の前でいちいち考え込んでほしいわけではない。主語と述語動詞と目的語 (ないし補語) のあいだにある「**作用の方向性**」をパッと見てとれるようになってほしいということなのですが……

- the regular meeting ⇨ $\begin{cases} \text{BORES} ⇨ \text{me} \\ \text{is BORING to me} \end{cases}$
- I ⇦ am BORED ⇦ (with) the regular meeting

⋯ boring と bored の区別を英英辞典でしらべる

　レッスンを始めたころ、ハットリさんにおすすめの辞書を聞かれて、*Oxford Basic American Dictionary for learners of English* を薦めました。

わたし: Hattóri-san, do you have your Óxford Díctionary with you nów? (手元にオックスフォードの辞書がありますか)

ハットリ: Yés...

わたし: Would you lòok ùp "bóring"? Could you rèad whát is wrítten? (boring をひいて、中身を読んでください)

ハットリ:

> **boring:** nòt ínteresting ‖ *Thát cláss was só bóring!*

(interesting でない ‖ その授業はほんとに boring だ!)

あぁ、そのまま使えますね。Thát méeting was só bóring! となりますね。

わたし: でしょ?　じゃぁ、こんどは bored のところを読んでください。

ハットリ:

> **bored:** nòt ínterested; unháppy because you have nòthing ínteresting to dò ‖ *I'm bóred with thís bóok.*

（interested でない；したらおもしろいことが何もなくて unhappy だ ‖ わたしはこの本に bored だ）

わたし: bored は「unhappy に感じている」ようす。meeting は生きものじゃないから「unhappy だなぁ」という感情をいだきようがない。unhappy になるのは人間です。だから、The méeting was bóred. じゃなくて I was bóred. です。

> **boring** = nòt ínteresting
> **bored** = nòt ínterested and unháppy

　ハットリさんの割り切り（boring も bored も両方とも同じく「退屈だ」）をすんなり断ち切れれば、英英辞典の効用ここにあり！なのですが。

ヒトが boring なときもある

さて、次の回のレッスン冒頭です。

わたし： ハットリさん、boring と bored の使い分けは納得いただけたでしょうか。

ハットリ：「ものごと」が退屈なのが boring で、「ひと」が退屈なのが bored です。

わたし： あぁ、ご自分なりに調べてみたんですね。

ハットリ： はい。ググッたら受験英語のブログに書いてありました。

わたし： う〜ん、手っ取り早い受験対策にはそれでエエんかもしれんけど！　ひとだって boring なときがある。あるひとが not interesting で、まわりの人たちが bored になっちゃうとき、退屈のモトになったひとは boring. My bóss is bóring. He is álways sàying the sàme thìng agáin and agáin. この英語わかりますか？

ハットリ： わたしの上司は退屈だ……

わたし： わたしの上司は「退屈なひとだ」ってことですよ！

ハットリ： だって、いつも同じことを何度も何度も言う。

わたし： そうです！

ケンブリッジの初級英英 *Cambridge Essential English Dictionary* の説明がわかりやすいので、ご紹介しておきます。

> **bored:** tíred and unháppy because sómething is nòt ínteresting or because you are dòing nóthing

（何かがおもしろくないために、あるいは、自分が何もしていないた

めに、退屈であり不満だ)

> **boring:** nòt ínteresting or excíting

(おもしろく感じさせたり、うきうきさせたりしない)

Còmmon mistáke: bóred or bóring?(よくある間違い：bored か boring か）というコラム記事もあります。

> **Bóred** is úsed to descrìbe hów sòmeone féels. If sómething or sómeone is **bóring**, they màke you fèel bóred.

(bored を使うのは、「だれか」がどう感じているかを表現するため。もし「なにか」あるいは「だれか」が boring だというのは、その「なにか」「だれか」がひとを bored な気持ちにさせているということ)

第2文に If sómething or **sómeone** is bóring, ... とありますね。someone つまり「ひと」が boring なときもあるわけです。

じつに残念な後日談

さてハットリさんについては後日談があります。コロナ禍がいち段落して久々にラオスに長期出張して帰国したハットリさん。

ハットリ： I was interesting the job in Laos.（×） I am not interesting the work in Tokyo.（×）（「わたしはラオスでの仕事が面白かった。わたしは東京での勤務が面白くない」のつもり。正しくは I fòund the jób in Láos ínteresting. I am nòt ínterested in the wórk in Tókyo.）

現場でサビ落としをした英語が聞けると期待したわたしは、ハッ

トリさんの口からよどみなく流れる英語ふうの言語にショックを受けました。

「わたしは○○が好きだ」は I like ○○.
「わたしは○○が面白い」は I am interesting ○○.（×）
「わたしは○○が面白くない」は I am not interesting ○○.（×）

　おそらく現地で表現に窮したハットリさんは、破れかぶれに日本語をトレースしつつ自己流の「英語表現」を生み出してしまったようです。たまたまそれでラオス人と会話が成立してしまったために（＝ラオス人があまりに心優しい人たちだったために！）破れかぶれのハットリ語が正規の言語としてハットリさんの脳内で確立してしまったのでしょう。流暢なハットリ語はつづきます。

ハットリ： I was boring today's morning meeting in the office.（×）（「わたしはオフィスでの今日の午前中の会議が退屈だった」のつもり。正しくは I was bóred with todày's mórning mèeting in the óffice.）

わたし： Hattóri-san, I'm sórry to sày you forgót só mány thíngs that you léarned with me.（ハットリさん、わたしとともに勉強したたくさんのことをお忘れになったようで残念です）

　世の中、なかなかうまくいきませんね。「英語のテストで点数はそこそこ取れても、しゃべれない」と悩む日本人が多いいっぽうで、ハットリさんみたいに点数は取れなくてもサバイバルに長じたひともいる。しかし安易にサバイバル英語に走るツケは大きい。その場その場を自己流で切り抜けて何とかなってきた「自負」が、ハットリさんの進歩を邪魔することでしょう。
　辞書の例文をどんどん暗記してもらい、ほんものの英語の「型」

をハットリさんの脳内に作っていこう！　そう考えた矢先、研修ご依頼元の企業さんから「研修予算がなくなったので今月で打ち切りです」と連絡がありました。

cruel は「残酷」とはかぎらない

　「残酷な」というと、李氏朝鮮時代を描く韓国歴史ドラマの拷問場面を真っ先に連想してしまいます。赤く焼けた鉄の焼印が囚人の背中に押しつけられ、じゅうじゅうと煙が立ち上る。囚人は「どうかおゆるしを〜」と絶叫しつつ、気を失う —— たぶん日本のテレビ局では、もはやこのレベルの残酷シーンは制作を許されなくなっているのでは？

　自分から韓ドラの拷問場面を話題にしながら、わたしはこの種の残酷シーンが大の苦手で、隣室に退避して耳をふさぐ姿を家内に嘲笑されております。

　さて、本題です。「残酷な」といえば cruel だし、cruel といえば「残酷な」。cruel イコール「残酷な」と、学校英語で脳に刷り込まれているのが日本人学習者です。

　英英辞典で cruel をひくと、いったいどんな残酷・残虐シーンが繰り広げられているのでしょうか。さっそく読んでみましょう。

---

cruel: vèry unkínd, or càusing péople or ánimals to súffer || *a crùel jóke | Mány pèople thínk húnting is crúel to ánimals.* (Cambridge Essential English Dictionary)

（じつに思いやりがない、あるいは人間や動物たちを苦しめるような || cruel なジョーク | 狩猟は動物たちに対して cruel だと考えるひとは多い）

用例が、いきなり a cruel joke ときました。

「残酷な」ジョーク？

日本語で「やつは " 残酷なジョーク " を言った」といえば、これはもう「みんなの前で大恥をかかせる」「相手が絶対に触れてほしくないことをズケズケと言う」レベルの深刻なジョークではないでしょうか。

a cruel joke を、英英辞典の語釈にしたがい a very unkind joke と言い換えてみましょう。日本語なら「酷な冗談、心ないジョーク」といったところでしょうか。別の辞書をちらっと見ると、cruel jokes が登場するこんな例文がありました。

> The òlder kíds plàyed crùel jókes on her lìttle bróther.
> (*Longman Dictionary of Contemporary English*)

（年上の子供らが彼女の弟に、きついおふざけを何度も言った）

さて、こんどは別の辞書の cruel 語釈です。

> **cruel:** delíberately màking people súffer || *Chíldren can be vèry crúel.* (*Collins COBUILD Primary Learner's Dictionary*)

（意図的に人々を苦しめるような || 子供というのはとても cruel な場合がある）

例文に、cruel な主体として「子供」がまたまた登場。これも韓ドラの拷問シーンとは次元の違う世界です。「子供って残酷だ」と言うとき、それは「残虐さ」を言っているのではなくて、「相手の心を推し量る能力が足らず、配慮がなく、無神経」という切り口です。

> **cruel:** A pérson who is crúel is unkínd and líkes to hùrt òther péople or ánimals. || *I thínk it's crúel to kèep áni-*

> *mals in cáges.* (*Oxford Basic American Dictionary*)

（cruel なひとは、思いやりがなく、ほかの人や動物たちを痛めつけたがる。|| 動物たちをカゴやオリに入れたままにするのは cruel だと思う）

> **cruel:** líking to hùrt òther péople or ánimals || *He is crúel to ánimals.* → ópposite KIND (*Longman Basic English Dictionary*)

（ほかの人や動物たちを痛めつけるのを好むような || 彼は動物に対して cruel だ。⇨ 反意語は kind）

4つの英英辞典のうち3つが、cruel である対象として語釈と例文で動物に言及しており、例文では「狩りをしたりオリに入れたりすること」も cruel だと考えられると言っています。

日本語の「残酷」「残虐」「残忍」が cruel であることに間違いはありませんが、いっぽうで「心ない」「無神経」「思いやりがない」といった程度のことも cruel の意味領域なのですね。

cruel と「残酷な」は守備範囲が違う

cruel ＝「残酷な」と覚えてきたわれわれですが、じっさいに cruel が使われる局面はずっと多様かつ広範です。*Longman Lexicon of Contemporary English*（1981年刊、絶版）の3つの例文をご紹介しましょう。

① The crùel máster bèat his sláves mércilessly with a whíp.
（cruel な親方は奴隷たちを容赦なくムチで打った）

② Ány mán who enjòys wátching his dógs kìll a rábbit must be crúel.

（自分の飼い犬たちがウサギを仕留めにかかるのを見て喜ぶような
ひとはきっと cruel に違いない）

③ It was crúel of you to hìt him júst for brèaking a cúp.
　（カップを割ったぐらいのことでそいつをぶつなんて、君って cruel
　だな）

　このうち、①の cruel は「残酷」があてはまるでしょう。しかし
②の cruel に「残酷」をあてはめてみると、「残酷に違いない」とい
う判断にいささかの飛躍を感じてしまうのは、わたしだけでしょう
か。日本語でいえば「残酷」というより「冷酷」あたりでしょう。

　③も「残酷」は違和感があります。家庭内暴力で家族にナマ傷が
たえないほどなら「残酷」かもしれませんが、③の例文の it was
crúel of you は「君って残酷だな」ではなく「君ってひどいな」あた
りでしょう。

　話の流れで、訳語をああだこうだと論じましたが、「和訳」術を
磨きましょうというのが趣旨ではありません。

　英和辞典の最初の訳語に飛びついて「cruel ＝残酷な」と暗記す
るだけでは、上の②や③のような場面を語るときに cruel という単
語が脳から出てこない —— これが「**英単語を覚えたつもりでも、
その英単語がなかなか使えない**」原因になる。「英単語を覚えた」の
ではなく「**英単語の和訳語を覚えた**」にすぎなかったから！　cruel
という基本単語がカバーする領域はかなり広いのに、いざとなると
英和辞典や単語集で覚えた和訳語「残酷な」に対応する場面でしか
cruel を使えない —— もったいない話です。

　英英辞典の語釈や例文を読んで、「cruel ＝残酷な」という思い込
みにゆさぶりをかける。そういうことをいろんな単語を相手にやっ
ていけば、和訳語の呪縛から抜け出せるのではないでしょうか。

第 3 章

TOEICに英文和訳は
存在しない

◢ *Introduction*

この章では、TOEICや英検などの試験問題に広く見られる四択
問題ふうの例題を解きながら「英英辞典って役に立ちそうだ」と
実感していただければと思います。

「いつもの調子で」試験に臨めるように

　大学入試の共通テストや5級から1級まである英検、留学資格の基準となる TOEFL® テストや、職場での昇進まで左右する TOEIC Listening & Reading など、世の中にはさまざまな英語テストがあります。

　基本的に四択問題。問いも答え（四択文）も、すべて英語で書かれています。

　英文和訳はありません。和文英訳もありません。

　英語を英語で言い換える能力が問われる試験なのです。

　江戸時代の蘭学にはじまり明治維新を経て日本人は倦（う）まずたゆまず外国語と格闘してきたわけですが、その基本は「和訳」作業でした。**和訳だから英和辞典を使ってきた。**そして、日本の英和辞典はみごとに進化をとげた。出版社の競争もはげしく、日本の優れた学習英和辞典は文法書も兼務した優れものです。

　辞書マニアのわたし、諸外国の辞書を手にしてきたので断言できますが、英仏、英独、英露、英中、英韓など、世界のあらゆる2言語辞典のなかで、日本の英和辞典ほどサービス精神にあふれたものはありません。

　しかし、です。共通テストも英検も TOEFL も TOEIC も英語オンリーの世界です。英文和訳は無いのです。それなのに、英単語の和訳のしかたを示す英和辞典だけ使っていて、それでいいのでしょうか。

　英語を英語で言い換える力が問われるテストに立ち向かうには、当然ながら**「英語を英語で言い換えてある」**英英辞典も使いなれておくのがいちばんです。

※ TOEFL is a registered trademark of ETS. This publication is not endorsed or approved by ETS.

　とくに TOEFL と TOEIC は、英英辞典を使い慣れずに受験する
なんて無謀の極みです。

　わたしが TOEFL・TOEIC にトライしたとき、まず感じたのは、
**「日頃から英英辞典を使っていてよかった！　いつもの調子で英語を
英語で言い換えて考えればいいんだよな」**。膨大な量の英語に短時
間で立ち向かうテストですが、ストレスを感じることなく、それな
りのスコアが取れました。

「ワンちゃん」聴き取りテスト

　英語オンリーの四択問題って、どういう仕組みでしょうか。
　「たとえ話」と思って、こんな問題に取り組んでみてください。
リスニング問題とお考えください。

Jáne's had a cùte dóg at hòme for thrée yéars.

Q 1.

Whát does Jàne háve?

(A) A cát

(B) A cútter

(C) A dóg

(D) A líon

　かりに文字づらを見てよければ、英語能力ゼロでも解ける。もち
ろん正解は (C) です。

　同じ単語を探し出せれば正解！という地獄に仏のような出題。
TOEIC にも１問から２問くらい、こういうチョー単純な問題があ
るものです。

　しかし、ふつうは、もっとひねりがはいります。どう「ひねる」
のでしょう。

Jáne's had a cùte dóg at hòme for thrée yéars.

Q 2.

Whát does Jàne háve in her hóme nòw?

(A) She has a dóg and thrée cáts.

(B) She has a tròpical plánt.

(C) She has a pèt ánimal.

(D) She has an ùgly dóg.

　いかがでしょうか。a cute dog が a pet animal に言い換えられ
ています。

　(D) の an ugly dog は、ひっかけです。(C) の言い換え表現に
気づかず、かつ ugly の意味を知らない学習者をひっかけるための
もの。

　(A) も、リスニング問題にありそうな、ひっかけです。dog と
three だけ辛うじて聞き取れたというひとが、a dog ＋ three cats
にひっかかる仕掛け。

　英和辞典の感覚で、つまり「いちいち日本語に置き換えながら」
英文を読むひとにとって、a cute dog が a pet animal に置き換え
られる世界というのは、けっこう敷居が高い。

　a cute dog ＝かわいい犬、a pet animal ＝ペットの動物。

　たしかに日本語の世界でも犬は動物だし、かわいいからペットな
わけで、脳内が100パーセント「英和」辞典でも正解は出せるでしょ
う。

　しかし、日本語で「動物」といえば、動物園の動物を連想したり、
NHK の『ダーウィンが来た！』に出てくるような動物を思い浮かべ

てしまう。げんに Google で日本語単語の「動物」を画像検索してみると、まず登場するのがレッサーパンダ、キツネ、サル、キリン、ライオン、ゾウ、コアラ……。犬や猫はなかなか出てこない。

　街なかで犬の散歩をしているひとを見て「あ、あのひと、**動物を散歩させているよ**」と考えることは、まずない。猫がギャーギャー騒いでいるときに「**動物**たちがうるさいなぁ」と考えることもないでしょう。それらはあくまで「犬」であり「猫」なのです。

　犬が「動物」のひとつであることは幼稚園児でも知っています。しかし、日常的には犬を指して「動物だ」とは言わないわけですね。

　この日本語感覚が邪魔をします。TOEFL も TOEIC も時間との闘いです。**「英和」の感覚で英語に向き合ってしまうと、「かわいい犬」と「ペットである動物」を結びつけるのに心理的な抵抗を感じて、余分な時間がかかってしまう。

　ところが、日頃から英英辞典の世界に慣れていれば、「a dog は an animal だよね」という言い換えがほとんど無意識のうちにできてしまう**わけです。

　dog のことを英英辞典がどう説明しているか、見てみましょう。いずれもオックスフォードの英英です。

---

dog:

- an ánimal that màny pèople kéep as a pét or to guàrd buíldings （*Oxford Basic American Dictionary for learners of English*）

- a fòur-lègged ánimal that bárks, óften képt as a pét （*Oxford Primary Dictionary*）

- an ánimal with fóur légs and a táil, óften képt as a pét or tráined for wórk, for exàmple húnting or guàrding buíldings （*Oxford Advanced Learner's Dictionary*）

　ずばり、dog は animal ですよ！なのです。

　英英辞典の語釈には pet, guard, bark, tail, train, hunt など、dog に関連する単語が目白押し。dog が登場する文脈で出てきそうな単語が、ひとつの文のなかにキュッと詰め込まれています。

　こういう英英辞典の感覚に日頃から触れていれば、a cute dog と a pet animal が脳のなかでサッと結びついてくれる。問題があっさり解けてしまう。

　英語を英語で言い換える技を問う設問がぞろぞろ並んでいるのが TOEFL や TOEIC の世界です。英英辞典の底力でスコアアップが期待できそうだと、少しは思っていただけたでしょうか。まだまだ序の口ですが。

　さて、念のため先ほどの3つの英英辞典の語釈を解説しておきましょう。

> • an ánimal that mày pèople kéep as a pét or to guàrd buíldings

（多くの人々が pet として、あるいは buildings を guard するために keep する animal）

> • a fòur-lègged ánimal that bárks, óften képt as a pét

（4本脚の bark する animal で、しばしば pet として keep されるもの）

> • an ánimal with fóur légs and a táil, óften képt as a pét or tráined for wórk, for exàmple húnting or guàrding buíldings

（4本の脚と尾をもった animal で、しばしば pet として keep され、ないしは狩りや buildings を guard することのような仕事のために train されるもの）

　同じオックスフォード大学出版から出ている辞書なのに、それぞれ異なる書きぶりです。上から順に、

　・非ネイティブの初級学習者向け
　・ネイティブの子供向け
　・非ネイティブの上級学習者向け

です。英英辞典にもいろんなレベルのものがあり、自分にぴったりのものを選ぶのが挫折しないコツです。このあたりのことを第9章〜第10章で解説してあります。
　さて、模擬テストをもう少し続けましょう。

「桃太郎」読解テスト

　本文は桃太郎をもじってみました。リーディング問題とお考えください。TOEFL や TOEIC は実用文ばかりなのでこういう題材はありえませんが、出題形式は TOEFL や TOEIC に頻出するパターンでまとめました。その意味では試験の臨場感も感じていただけるかと。

Ónce there líved an òld wóman with her tènder húsband. Èvery mórning she wènt to the stréam to wàsh their clóthes. Óne dày a gìant péach came flóating dòwn the wáter. The òld wóman was stártled to sée it but was bràve enóugh to pìck it úp and brìng it bàck hóme. The nèxt mórning, a cùte báby was bórn out of the frúit, who tùrned óut to be thóughtful and wíse.

Q 3.

The wòrd "ténder" in the fírst séntence is clósest in méaning to

(A) smóoth
(B) cáring
(C) lázy
(D) téntative

Q 4.

Accòrding to the pássage, whén did the òld wóman spènd tíme to clèan the clóthing èvery dáy?

(A) Èarly mórning.
(B) At níght.
(C) Before nóon.
(D) In the afternóon.

Q 5.

Whát is státed about an unùsual thíng on the smàll ríver?

(A) The wóman sàw a stéamer flóating dòwn the stréam.
(B) There appéared a gìant créature on the wáter.
(C) The wóman mèt her tènder húsband in unùsual clóthes.
(D) The wóman nóticed an enòrmous frúit.

Q 6.

Whát is NÒT méntioned as an áct or a reáction of the wóman?

(A) She cùt ópen the gìant péach at hóme.
(B) She was surprísed to sèe the gìant péach.
(C) She tòok the gìant péach bàck hóme.
(D) She was astónished at the síght of the gìant péach.

いかがでしょう。英語の言い換え表現にあふれているのを感じていただけましたか。実際こんなふうに、言い換え表現のオンパレードなのが TOEFL・TOEIC です。

まず本文の解説訳をしておきましょう。

Ónce there líved an òld wóman with her tènder húsband. Èvery mórning she wènt to the stréam to wàsh their clóthes. Óne dày a gìant péach came flóating dòwn the wáter. The òld wóman was stártled to sèe it but was bràve enóugh to pìck it úp and brìng it bàck hóme. The nèxt mórning, a cùte báby was bórn out of the frúit, who tùrned óut to be thóughtful and wíse.

（むかし、老いた女性が彼女の tender な husband とともに住んでいた。毎 morning に彼女は彼らの clothes を洗いに stream へ行った。ある日、giant な peach が water をくだって float してきた。老女はそれをみて仰天したが、brave ぶりを発揮してそれを pick up し、家へ bring back した。翌 morning に、cute な baby が fruit のなかから生まれた。この baby は thoughtful で wise であると知れた）

世の中に知られている桃太郎と異なる展開の箇所がひとつありますが、まずは Q 3 から見てみましょう。

Q 3.

The wòrd "ténder" in the first séntence is clósest in méaning to

(A) smóoth

(B) cáring

(C) lázy

(D) téntative

（第1文の tender という word が meaning においていちばん close なのは

(A) smooth

(B) caring

(C) lazy

(D) tentative）

　まさに英英辞典よろしく、ガチで英単語の言い換えを求める出題です。この形式の設問は TOEFL に頻出します。TOEIC では減少傾向にあります。

　さぁ、皆さん、Q 3 は解けましたか。(A) の smooth を選んだかたも多かったのでは？

　Merriam-Webster's Advanced Learner's English Dictionary で、それぞれの英単語の語釈を見てみましょう。

---

tender: vèry lóving and géntle

（とても愛情深く温厚な）

---

smooth: reláxed, cónfident, and pléasant in a wày that may be intènded to decéive péople

（くつろいで自信に満ち愛想がよいが、それは見せかけであり、腹にいちもつありそうな）

> **caring:** fèeling or shòwing concérn for òther péople

（ほかの人たちのことを心配したり関心を示したりする）

> **lazy:** not lìking to wòrk hárd or to be áctive

（けんめいに働いたり活動的であったりすることを好まない）

> **tentative:** uncértain and hésitant

（自信なさげで、ためらいがちな）

じつは四択のなかで lazy 以外の3つは、けっこう「臭い球」どうし。正解は（B）の caring です。

"her tender husband" と "her caring husband" を Google で画像検索すると類似した画像が出てきます。"her lazy husband" を画像検索してみると、出てくる画像の人物たちのふるまいは異なります。

smooth を、人の性格を表現するのに使うと、ネガティブな意味になることにビックリしたかたも多いのでは？「うわべだけ親切そうな」「口のうまい」「愛想のよすぎる」。上掲の英英では informal（＝くだけた表現）と注記があります。

tentative「暫定的・一時的な」と husband は結びつくわけがない、ふざけるな！ と思ったかたも多いでしょうが、「暫定的」という意味から発展して、ふるまいが「おずおずとしている」ことも意味します。

"tentative husband" で Google 検索すると、1,270件ヒットしました。そのなかから用例を2つご紹介しましょう。

I was a vèry càreful and tèntative húsband with my nèw wífe.
（わたしは新婚の妻といるときは、なにごとにも慎重でおずおずとした

夫であった）

By nòt télling her, he shòws grówth from a depéndant, tèn-
tative húsband to a mànly assèrtive léader.
（あえて彼女に語らぬことで彼は、おずおずとひとの顔色をうかがって
ばかりの夫から、たくましくて自我のつよいリーダーへと変貌をとげ
たことを示している）

では Q 4 に移りましょう。

Q 4.

Accòrding to the pássage, whén did the òld wóman spènd
tíme to clèan the clóthing èvery dáy?
(A) Èarly mórning.
(B) At níght.
(C) Before nóon.
(D) In the afternóon.
（この一節によれば、毎日 old woman は clothing を clean するため
に、いつ時間を使いましたか。
(A) early な morning に。
(B) night に。
(C) noon の前に。
(D) afternoon に。）

こりゃ楽勝問題だ。「毎朝」だから (A) だよね……。
　……ちょっと待ってください。本文にはどう書いてあるでしょう
か。

Èvery mórning she wènt to the stréam to wàsh their clóthes.
（毎 morning に彼女は彼らの衣服を洗いに川へ行った）

morning だから「朝」でしょ！ そんな「英和」感覚でいると墓穴を掘ります。英英辞典で morning はどう説明されているでしょう。

---

morning:

- the éarly pàrt of the dáy before nóon (*Oxford Primary Dictionary*)

- the fírst párt of the dáy, between the tíme when the sún còmes úp and the míddle of the dáy (*Oxford Basic American Dictionary*)

- the párt of èach dáy between the tíme that pèople úsually wàke úp and nóon (*Collins COBUILD Primary Learner's Dictionary*)

- the fírst hálf of the dáy, from the tíme when the sún ríses or you wàke úp until the míddle of the dáy (*Cambridge Learner's Dictionary*)

---

morning は、あいさつことばの Gòod mórning. に登場するため、日本人は英語の習い始めに「morning ＝朝」と刷り込まれる。日本語の「おはようございます」が使える時間が morning であると。
　ところが英英辞典語釈を見ると、morning は日本語の「朝」とかなり異なります。

・1日のうちでも正午以前の早い部分
・1日の1番目の部分であり、太陽が姿をあらわすときと昼の真ん中とのあいだの時間
・ひとびとが通常目覚めるときと正午とのあいだの、日々の一部分
・1日の1番目の部分であり、太陽が昇ったり人々が目覚めたりするときから昼の真ん中まで

「朝」というより、afternoon の対立概念と考えたほうがいい。afternoon と morning が語彙的なペアを作っているわけです。(じつは英語には、afternoon とペアをなすべき forenoon という単語があります。しかしこの単語は廃れてしまい、よほど大きい辞書でないと収録されていません)

だから午後1時は afternoon であり、午前11時は morning です。

いっぽう日本語では、午前11時も午後1時も「ひる」です。午前11時のことを「あさ」だと言ったら、何を寝ぼけたことを言っているのだと一喝されそうです。

morning =「朝」と、英和感覚で生きているひとが餌食になるのが Q 4 です。正解は (C) の Before noon. でした。おばあさんが川へ洗濯に行くのは毎日11時ごろなのかもしれません。

では Q 5 に移りましょう。

Q 5.

Whát is státed about an unùsual thíng on the smàll ríver?

(A) The wóman sàw a stéamer flóating dòwn the stréam.

(B) There appéared a gìant créature on the wáter.

(C) The wóman mèt her tènder húsband in unùsual clóthes.

(D) The wóman nóticed an enòrmous frúit.

(small な river にうかぶ unusual なものに関し何が state されていますか。

(A) 女は steamer が stream を浮きくだっているのを見た。

(B) 水面上に giant な creature が見えてきた。

(C) 女は彼女の tender な husband が unusual な clothes を着用しているのに出会った。

(D) 女は enormous な fruit に気がついた。)

もちろん (A) と (C) は目くらましです。だから、わざと本文中

にある単語が過剰にまぶされている。

　(B) がよさそうに思えますね。

　問題文をみると

Óne dày a gìant péach came flóating dòwn the wáter.
（ある日、giant な peach が水をくだって浮いてきた）

　さて、問題は peach を creature と言い換えられるかです。

　「当然 OK だよ。だって creature って create の名詞形でしょ。神さまが創りたもうた万物のひとつなわけだから、peach も creature のうちでしょうよ」

　そう考えるかたがけっこういるのでは？

　さっそく creature を英英辞典で引いてみましょう。

> **creature:**
> ・a lìving ánimal or pérson (*Oxford Primary Dictionary*)
> ・àny lìving thíng that is nòt a plánt (*Oxford Basic American Dictionary*)
> ・an ánimal or ínsect (*Longman Basic English Dictionary*)
> ・ánything that líves but is nòt a plánt (*Cambridge Learner's Dictionary*)

　勝負あった！「桃」がキリスト教において、神の create したものであったとしても、それは英語にいう creature には含まれない。ちなみに creature の発音は「クリ**エイ**チャー」ではなく「ク**リー**チャー」です。

　英英辞典の語釈を説明訳しておきましょう。

・生きている animal ないし person
・なんらかの、plant ではない生き物
・animal ないし insect
・生きているなんらかのもの、ただし plant ではないもの

　というわけで、creature を使った（B）は該当せず。正解は（D）です。a gìant péach を an enòrmous frúit に言い換えてありますね。この an enòrmous frúit に関連し、fruit の使い方については次の第4章で詳しく取り上げます。
　では、Q6に移りましょう。

Q 6.
Whát is NÒT méntioned as an áct or a reáction of the wóman?
(A) She cùt ópen the gìant péach at hóme.
(B) She was surprísed to sèe the gìant péach.
(C) She tòok the gìant péach bàck hóme.
(D) She was astónished at the síght of the gìant péach.
（女の act ないし reaction として mention されて**いない**ものは何ですか。
(A) 彼女は巨大な桃を家で cut して open な状態にした。
(B) 彼女は巨大な桃を見て surprise された。
(C) 彼女は巨大な桃を家へ take back した。
(D) 彼女は巨大な桃の sight に astonish された。）

　この出題形式も TOEFL・TOEIC に頻出するものです。
　すなおに「（A）から（D）のうち該当するものはどれか」という形式であれば、（A）～（D）のどれかひとつがひっかかれば、それを正解と考えて、あとは読まずに次の問題へ進めます。

　ところが、「(A) から (D) のうち該当**しない**ものはどれか」というパターンで出題されると、本文を隅々まで読んだうえで、(A) から (D) まで個別につぶしていかなければならず、解答に手間がかかる。受験者泣かせです。

　上の桃太郎の設問などはチョー簡単な部類です。

　桃太郎のあらすじを知っているがゆえに、(A) を本文内容に沿ったものと錯覚したかたもいるでしょう。本文には「老女が包丁で桃を切った」などとは書かれていません。自宅に桃を持ち帰ったら、翌日に桃の中から勝手に赤ん坊が生まれてきた、とあります。というわけで「該当**しない**」選択肢は (A) ということになります。

　なにしろ不思議な桃です。ほんらいは、包丁でいきなりふたつに割ったりはしないはずです。(そんなことをするのは、「舌切り雀」に出てくる欲張り婆さんくらいでしょう!)　桃をだいじにお祀(まつ)りしておいたら、その晩はおじいさんとおばあさんがご利益(りやく)で若返って猛ハッスルし、翌朝になると桃太郎くんが生まれちゃったよというのが、あるべき妥当な展開だと思いますがね。包丁でぱっくり切られた桃から桃太郎がかすり傷ひとつ負うことなく登場するシーンは、どう描いてもウソっぽくなり昔から絵本作家泣かせでは?

　さて、本題の英語学習に戻りますが、She cùt ópen the gìant péach.... の open は動詞ではありません。cut open の open は形容詞で、SVOC 文型の C にあたります。「彼女が」「巨大な桃を」「open (ぱっくり開いた状態) になるように」「切った」というつながりです。

　つぎに (B) ～ (D) を見てみましょう。

　もとの本文には、こうありましたね。

The òld wóman was stártled to sée it but was bràve enóugh to pìck it úp and brìng it bàck hóme.

　「見て驚いた」was stártled to sée は (B) では was surprísed to sée と言い換えられ、(D) では was astónished at the síght of と言い換えられています。

　sight は see の名詞形ですから to see を at the sight of と言い換えるのもよくあるパターンです。使用頻度数を Google 検索のヒット数で比べてみると

"astonished to see"　　　　　約1,400,000件
"astonished at the sight of"　　約428,000件

　astonished to see のほうが圧倒的に多いだろうと思って検索してみましたが、astonished at the sight of も大健闘しています。

　さて、この項の本丸は「驚かせる」(⇨ 受動態で「驚く」)をあらわす類義語グループです。

---

startle:

- to stártle a pèrson or ànimal is to surpríse or alárm them (*Oxford Primary Dictionary*)

- to màke sómeone sùddenly surprísed or afráid (*Oxford Basic American Dictionary*)

- to sùddenly surpríse or fríghten someone (*Cambridge Learner's Dictionary*)

- to surpríse someone or gìve them a shóck (*Longman Basic English Dictionary*)

---

astonish:

- to astónish someone is to surpríse them vèry múch (*Oxford Primary Dictionary*)

- to surpríse someone vèry múch (*Oxford Basic American Dictionary*)
- to surpríse someone vèry múch (*Collins COBUILD Primary Learner's Dictionary*)
- to màke sómeone vèry surprísed (*Cambridge Learner's Dictionary*)

startle, astonish, surprise は類義語・同義語 (＝言い換えことば) であり互いに入れ替えがききます。synonyms すなわち altèrnative wórds です。

startle と astonish の語釈にはすべて surprise が登場します。ざっくりいえば

- startle:「唐突に surprise し、こわがらせる」
  ⇨「ぎょっとさせる、びくっとさせる」
- astonish:「おおいに surprise する」
  ⇨「驚愕させる」

この2つの単語はどうも微妙に異なるようだ。どう使い分けるのだろう —— そういうふうに「意味の違い」「使い分け」に着目したくなるタイプのひとも多いでしょう。

でも実のところ、startle と astonish の「違い」に関心を向けるのはムダです。だって**ネイティブは、単純に「同じ単語を繰り返し使わないようにするために」というだけの理由で「類義語を使った言い換え」を行う**わけです。「英文中の startle と astonish を入れ換えたら変な文になった」などということは、まずない。

日本の英語教育がスルーしているネイティブ話者の常識

　日本の学習英和辞典をひらくと、類義語どうしの「違い」を解説するコラムが目立ちます。Amazon で「類義語」の参考書を検索すれば、類義語の「使い分け」を解説する本ばかりです。

　英国・米国で出ている英英辞典でも上級者向けのものは、類義語どうしの使い分けや微妙な違いについての解説コラムが登場します。

　しかしネイティブが小中学生のうちは、ひたすら「言い換え語」のネットワークを充実させることに注力するのです。ネイティブ話者は小さいころから**「同じ単語を何度も使うのはカッコ悪いし効果的なコミュニケーションを生まない。類義語を取っ替え引っ換え活用すべし」**と叩き込まれる。彼らは小学生の時から国語（つまり英語）の授業で「nice や cold のような overùsed wórds はなるべく避けて、sýnonyms, altèrnative wórds を活用しましょう」と口酸っぱく指導を受けます。

　その趣旨で使われるのがシソーラス（類義語辞典・thesaurus）です。のちほどご紹介します。

　TOEIC・TOEFL などが、単語の意味の理解度を類義語による言い換え能力で測るのは、その延長線上にあるものです。

英語の実力をホンモノにしたければ、類義語どうしの「違い」にはさほどこだわらず、ひたすら類義語のストック数を増やし類義語ネットワークを広げるほうに注力したほうがいい。

日本語でも「驚く」の類義語としては「びっくりする」「はっとする」「ぎょっとする」「あっけにとられる」「息をのむ」「たまげる」「目をみはる」「腰をぬかす」「仰天する」「愕然とする」「驚愕する」「ショックを受ける」「あきれる」……これらの表現の意味の「違い」について考え込んでも無意味。表現のストックを増やし、類義語ネットワークをはぐくむほうに力を向けるべきです。

いまどきの子供が「たまげる」は使わないだろうし、正式文書では「腰をぬかした」「仰天した」とは書かず、「驚くほかない」「極めて遺憾である」と書くでしょう。そういうことは、類義語ネットワークを広げた次のステップとして留意していけばいい話です。

日本の英語教育では「いろんな類義語を使い回す」という英語の常識を教えない。get「得る」、obtain「取得する」、acquire「獲得する」などと、個々の英単語をバラバラな和訳語と結びつけて覚えさせ、「英・和」の型に生徒をはめ込む。英和辞典の類義語欄はget・obtain・acquire の違いについて禅問答のような説明をしてばかり。生徒は、get と obtain と acquire を「明確に区別すべき別単語」と思い込まされます。

ところが、英検や TOEIC・TOEFL を受験するや、get・obtain・acquire を類義語ネットワークとして考えることでスッと解ける、そういう問題ばかり出てくるわけですね。

泣けてくるように悲惨な日本の英語教育の世界を脱出するには、個々の学習者がゲリラ的に英英辞典を使って対抗するしかないのです。

さて、surprise の定義にはどの辞書も苦労しています。surprise こそが類義語群の中核をなす基本語であり使用領域も広いので、別の類義語をひょいと使って定義するわけにはいきませんから。

surprise:
- to surpríse someone is to bè a surpríse (= sómething that you did nòt expéct) to them (*Oxford Primary Dictionary*)
- to dò sómething that sòmeone does nòt expéct (*Oxford Basic American Dictionary*)
- to màke sómeone fèel surpríse (= the féeling that you gét when sòmething háppens that you did nòt expéct) (*Cambridge Learner's Dictionary*)

　どの辞書も、surprise の対立概念となる expect（予期する）の否定形をうまく使って、こんなふうに説明しています：

・だれかに対して、想定外のものとして存在する
・だれかが予期していないことを行う
・予期しないなにかが起きたときにいだく感情を、だれかに感じさせる

　英英辞典を使うことで、surprise を中心とした類義語グループが見えてきます。では類義語グループの全貌を知りたければ、どうすればよいでしょうか。

類義語グループを示してくれる「シソーラス」

　日本語の類義語辞典はマイナーなジャンル。学校の国語の時間に類義語辞典を手にした記憶のあるひとは、おそらくゼロでしょう。内容をみると、テーマごとにグループ分けした見出し語それぞれに国語辞典的な語釈が添えられていて、いわば国語辞典の焼き直し。

類義語どうしの「違い」「使い分け」のほうに、おのずと目がいく仕掛けです。

唯一の例外が『早引き類語連想辞典』（第2版2008年、米谷春彦編、ぎょうせい刊）で、見出し語の後にひたすら言い換え語を羅列する方式の名著だったのですが、残念ながら絶版になっています。

英語のシソーラス（類義語辞典・thesaurus）は、見出し語のあとにひたすら言い換え語を羅列するのが基本で、出版ジャンルとしてもメジャーな存在です。小学生向けから社会人向けまで各種そろっていて、販売にあたっても dictionary と thesaurus をペアとして考えている。dictionary と thesaurus をガッチャンコして1冊にしたものもあります。

ネイティブの8歳以上の生徒向けと銘打った *Oxford Primary Thesaurus* で surprise をひいてみると

---

surprise *verb*
*I was **surprised** by hów wéll she could síng.*
● amaze, astonish, astound, stagger, startle, stun, take aback, take by surprise, dumbfound
(informal) bowl over, flabbergast

今回とりあげた startle と astonish もちゃんと含まれていますね。皆さんは、これらの言い換え語のうちどれくらいを使いこなせますか。ネイティブの8歳児、あなどるべからず。わたしの場合、最後から3つ目の dumbfound まではいけましたが、そのあと「くだけた表現」と注記のある bowl over と flabbergast は未知の単語でした（flabbergast は、後日米国のトーク番組で遭遇しました）。

たまたまこの例では類義語がアルファベット順に配列されていますが、それはこれらの類義語のあいだに意味や使用頻度の違いがほとんどないからでしょう。基本的には、①意味がもっとも似ている

単語（＝言い換えに使いやすい単語）かつ ②使用頻度の高い単語、から並べてあります。同じシソーラスで動詞 test を引いてみると

> **test** *verb*
> *I màde an appóintment to hàve my éyes tésted.*
> ● examine, check, evaluate, assess, screen

この *Oxford Primary Thesaurus*（第6版、2018年、オックスフォード大学出版社、縦21.5 cm、約2,300円）は、①フォントが読みやすく、②頻度の高い語彙に絞りこみ、③語彙拡充に役立つ囲み記事も豊富で、非ネイティブ学習者が最初に使う類義語辞典として自信をもっておすすめできます。興味のあるかたは、ぜひ手にとってみてください。

なお、わたし自身が日頃まっさきに手を伸ばすシソーラスは *Collins English Thesaurus*（2019年、HarperCollins 出版、967＋16頁、縦19.7cm、ペーパーバック約1,400円、ハードカバー約2,500円）です。いろんなシソーラスを使ってみた挙句、ぴたっと来る類義語を提供してくれる確率が高いものとして、ひとつ前の2016年版から愛用してきました。

この章では、TOEFL・TOEIC ふうのテストに取り組むことで、**「英語を英語で言い換える」感覚**がいかに求められているか、そして、そういう**「言い換え感覚」**を養うために英英辞典がいかに役立つかを見ていきました。

「それなら自分も英英辞典を使ってみようかな」と心が動いたあなた、第9章〜第10章に各種英英辞典の紹介がありますので、さっそくチャレンジしてみてください。

第 **4** 章

英英辞典とGoogle検索で
fruitの謎を解明する

◢ *Introduction*

英英辞典と並んで役立つツールを、すでに何度か使いました。
Google 検索による「件数比較」。
この章では、英英辞典と Google 検索の件数比較を駆使しながら、ネイティブ話者のあいだでも異なる意見のある fruit の謎に迫ります。
数えられる普通名詞の顔と、数えられない物質名詞としての顔をあわせもつ fruit の使い方は、奥が深いのです。

Google 検索による「件数比較」の実際

　検索したい語群を**半角の英文字引用符で囲んで** Google 検索します。検索結果の冒頭に「〜件」と出ます。検索した表現が使われているサイト数の概算推定です。数字が多ければ、表現がそれだけ使われているということ。

(Google 検索では「設定」→「検索設定」で、「地域の設定」と「Google サービスで使用する言語」を変更できます。言語を英語に設定すると、「〜件」は "〜 results" と表示されます。本書で件数検索をかけるとき、日本語表現は「日本／日本語」の検索設定で検索し、英語表現の件数検索は "United States／English" の検索設定で検索しています)

　検索対象の語群を半角の英文字引用符で囲うと、語順が異なったり別単語が加わったりしたものが除かれる——これは必須ポイントです。

　例えば、「学校に行く」と「学校へ行く」を比べると

"学校に行く"　25,700,000件
"学校へ行く"　　1,500,000件

　日本語ネイティブから見ればどちらの表現も100％正しいですが、検索結果には17倍もの差がついています。(検索件数は Google システムによる概算推定なので随時変わります。上記はあくまで本書執筆時の検索結果です)

　繰り返しになりますが、検索対象となる表現をかならず半角の引用符で囲むこと。引用符で囲まずに検索すると、こんな結果が出てきます。

学校に行く　153,000,000件
学校へ行く　151,000,000件

　上の153,000,000件はおそらく、「学」「校」「に」「行」「く」の文字が何らかの形で含まれているサイトの総数、ということなのでしょう。半角引用符で囲むことではじめて、「学校に行く」と「学校へ行く」の比較ができるわけです。

　ショバのルールがわかったところで、皆さんに質問します。

　「学校で行く」という日本語はありうるでしょうか。考えてみてください。

　ぜったいに言わないですかね。

　「わたしは毎日学校で行きます」なんて言うわけがないですよね！

　「学校で行く」という日本語はぜったい間違い！と考えるかたは、この行の欄外に「×学校で」とメモしておいてください。

　さて、では"学校で行く"を検索してみましょう。

"学校で行く"　15件

　たったの15件です。これはもう、完全にペケですね！

　……ところが検索結果を見ていくと、日本語ネイティブの目から見て正しい表現がいくつもあるのです。

- 沖縄に修学旅行に**学校で行く**らしいんですけど行きたくありません。
- 5月の半ばに**学校で行く**キャンプがあります。
- **学校で行く**遠足は school trip や school excursion と呼ばれます。
- 「社会科見学」というと、**学校で行く**ものというイメージがありますが、施設によっては個人や家族単位での見学を受け付けてくれます。

　── いかがですか。「学校で行く」は gò to schóol（通学する）な

いし gò to the schóol（学校施設へ出向く）という意味では使えない。しかし gò sómewhere as párt of the schóol actìvities（学校行事の一環としてどこかへ行く）の意味では成立するわけです。

章のはじめになぜ「学校で行く」を取り上げたか。

英語学習書や英和辞典を見ていると、「〜という表現は間違いだ」という解説をたびたび目にします。英単語の正しい使い方を教えようとの趣旨ですが、これが往々にして舌足らず。ちょうど "学校で行く" とは絶対に言いません」と言い切っておしまい、みたいな。言語表現としては「学校で行く」が成立する場合も多々あるのに。

an enormous fruit は間違いか

第1章の桃太郎の文章題 Q5（D）に、こんな文があります。

The wóman nóticed an enòrmous frúit.
（女はどでかいくだものに気がついた）

ところが、ある学習書にこんな解説がありました。

fruit は、ふつう数えられない名詞で、いつも単数形で使われ、a はつけません。

『日本人に共通する英語のミス121　改訂新版』（ジェイムズ・H・M・ウェブ James H.M.Webb 著、1991年刊。以下『英語のミス 1991』と略称）の p.6 の記述です。「a はつけません」ということなら、an enòrmous frúit は英語として間違いなのでしょうか。

an enòrmous frúit ではなく an enòrmous pìece of frúit のように言わなければならないのか。あるいは単に不定冠詞を削除して The wòman nóticed enòrmous frúit. とすべきなのか。

英英辞典で peach をひくと、疑問はあっさり解決しました。

> **peach:**
> - a ròund frúit with a sòft rèd-and-òrange skín (*Collins CO-BUILD Primary Learner's Dictionary*)
> - a jùicy frúit with óne làrge séed and a sòft yèllow or pìnk skín (*Longman Basic English Dictionary*)
> - a sòft, swèet, ròund frúit with rèd and yèllow skín (*Cambridge Essential English Dictionary*)
> - a sòft ròund frúit with a yèllow and rèd skín and a làrge hàrd párt (càlled a pít) in the cénter (*Oxford Basic American Dictionary*)

どの辞書にも "a ＋形容詞＋ fruit" という表現が見えます。この流儀でいけば an enormous fruit も問題ない。

それぞれの語釈を和訳しておきましょう。

- 丸いくだもので、柔らかくて赤みがかったオレンジ色の皮つき
- 汁気の多いくだもので、1個の大きな種があり、柔らかい黄色またはピンクの皮つき
- 柔らかく甘く丸いくだもので、赤や黄色の皮つき
- 柔らかく丸いくだもので、黄色や赤の皮つきで、中心に大きく固い部分（pit と呼ぶ）があるもの

💬 不定冠詞が意味することは

a ròund frúit（丸いくだもの）は a ròund táble（丸いテーブル）と同じレベルで正しい。

　名詞に「不定冠詞の a がつく」というのはどういうことか。その名詞があらわすものが、自然界の原子のように「分割できない最小単位」であることを示している。

　a round table を2つに切断したら、もはや「丸いテーブル」ではなくなります。だから不定冠詞の a がつく。a round fruit も包丁で2つに切ったら、もはや「丸いくだもの」ではなくなる。だから不定冠詞の a がつく。an enormous fruit も切り刻めば enormous ではなくなる。だから不定冠詞の a がつく。

　coffee にふつう a はつけませんが、喫茶店で「コーヒーを注文したよ」は I've òrdered a cóffee. となる。この場合の「コーヒー」は、「その店の定番のコーヒーカップと受け皿にスプーンつきで運ばれる規定量のコーヒー」だから、自然界の原子のように分割不能な最小単位なわけです。だから不定冠詞の a がつく。

　Oxford Wordpower Dictionary の fruit の項に、こんな解説があります。

> We can ùse the cóuntable fòrm of 'frúit' to tálk about týpes of frúit:
> ・The papáya is a tròpical frúit.
> ・Móst bìg súpermarkets sèll áll sórts of tròpical frúits.

（fruit を可算名詞として使うのは、くだものがどんな種類のものかを言おうとするときだ：
・パパイヤというのは熱帯のくだものである。
・大きなスーパーならたいてい熱帯のくだものを何でも売っている）

　『英語のミス 1991』は fruit のことを「ふつう数えられない名詞で、いつも単数形で使われ、a はつけません」と断定しました。しかしオックスフォード英英の解説によれば、fruit は数えられる名

詞としても堂々と使われるし、複数形で使うこともあるし、a をつけることもあるわけです。

　ちなみに、同じ著者が 2020 年に出した『新版 日本人に共通する英語のミス 151』(以下『英語のミス 2020』と略称) の p.20 には「fruitはふつう、数えられない単数の名詞です」とあり、「a はつけません」は削除されています。

　これまでの例を見ると fruit に a がつくのは、fruit の前に形容詞があるときだけですね。でも a fruit という形もあります。*Longman Dictionary of English Language and Culture* の fruit の項にこんな例文があります。

The potáto is a végetable, not a frúit.
（ジャガイモというのは野菜であって、くだものではない）

　『英語のミス 1991』がとんだ勇み足をしてしまったのには、それなりの理由があります。a fruit という表現について *Oxford Wordpower Dictionary* はこんなことを言っています。

When tálking about an indivídual pìece of frúit we úsually ùse the náme of the frúit:
· Would you lìke an ápple?
or we ùse the uncóuntable fòrm:
· Would you lìke some frúit?

　（くだものを個別に言う場合、ふつうはくだものの名前そのものを使う:
· リンゴはいかがですか。
　ないしは不可算名詞のかたちを使う:
· 何かくだものはいかがですか）

　たしかに、人間のやりとりとして

"Whàt's thís?" "It's a frúit."
(「これ何?」「くだものだよ」)

というやりとりは成立しにくい。現実にはこんな会話が続きそうです。

"Whàt's thís?"
"I'm not súre. It's a Thài frúit. Something like 'mángo....'"
"You mèan 'mángosteen'?"
"Exáctly. It's a mángosteen."
(「これ何だっけ?」
「どうだったかな。タイのくだものなんだよ。マンゴなんとかっていう……」
「それってマンゴスチンじゃない?」
「それそれ。マンゴスチンだよ」)

ひとつの名詞に可算と不可算の顔

　さて、ここで turkey(七面鳥)に登場してもらいます。*Collins COBUILD Basic American English Dictionary* で turkey をひくと、こんな記述があります。

> **turkey:**
> A túrkey is a làrge bírd that is képt on a fárm for its méat. Túrkey is the méat of this bírd éaten as fóod.

(a turkey とは、農場で肉用に飼う大型の鳥1羽のことである。
turkey とは、食品として食されるこの鳥の肉のことである)

　この辞書は、語釈をポンと書くのではなく、「ナントカとはコレコレだ」「ダレソレがナントカするとは、そのひとがナニナニをコレコレするということだ」というように、文ないし文章で説明することを売りにしている辞書です。

　不定冠詞 a がつく turkey は「鳥1羽」。いっぽう、冠詞がつかず複数形でもない turkey は「食材としての肉」── そういうことを示しています。

　1羽の鳥は、どこかをぶった切ればまっとうな鳥ではなくなる。a turkey が最小ユニットなわけですね。いっぽう、肉になってしまった turkey は切っても切っても肉は肉です。最小ユニットが存在しない、つまり最小ユニットを1単位として数えることができない物質名詞としての turkey なわけです。

Thìs is a túrkey.
（これは七面鳥です）　　　［可算、普通名詞あつかい］

Thìs is túrkey.
（これは七面鳥の肉です）　［不可算、物質名詞あつかい］

　こういうことは turkey に限って起こるわけではありません。

　「言語・ことば」は１つのシステムですから、そのシステムのなかの単語たちは似たようなふるまいをしようとします。

Thìs is a hórse.
（これは馬です）　　[可算、普通名詞あつかい]

Thìs is hórse.
（これは馬肉です）　[不可算、物質名詞あつかい]

　"eat horse" で Google 検索すると、ヒットするサイトの２番目が "Whý Don't Américans Èat Hórse?"（なぜアメリカ人は馬肉を食べないのか）

　"eaten horse" で Google 検索すると、トップのサイトが "We Have Áll Èaten Hórse, Líke It or Nót"（われわれはみんな馬肉を食べたことがある。好んでかどうかは別として）

　もっとも、検索結果を眺めると、ほとんどは hórse mèat とあります。英語圏の食文化で七面鳥の肉は一般的な食材だが、馬肉はまれな食材です。言語表現として、不可算名詞 horse がすでにして「馬肉」の意味だとしても、わかりやすく horse meat と補って表現しているわけですね。

　とつぜん turkey と horse の使い方を論じてしまいましたが、理由は fruit にも同じ現象が見られるからです。

• 木からもいだ１個の果実 → a fruit ［可算、普通名詞あつかい］
• 食材として見た果実　　→ fruit　　［不可算、物質名詞あつかい］

　fruit が、turkey や horse と違うのは、「木からもいだ１個の果実」も「食材としての果実」も、見かけが変わらないという点です。

　ふつうの地球人は a turkey や a horse にいきなりかぶりつくことはない。だから a turkey と turkey の違いは実体として明確です。しかし a fruit をがぶりとやるのはふつうのこと。これが議論をわかりにくくします。

　先ほどの *Oxford Wordpower Dictionary* の記述（☞ p.089）の最後の文：

Would you lìke some frúit?
（何かくだものはいかがですか）

　この some fruit は不可算の物質名詞。「食材として見た果実」です。

fruit ＋ s はペケなのか？

『英語のミス 2020』の pp.20-21 に、こうあります。

> × My móther gàve me some frúits.
> ○ My móther gàve me some frúit.
> 　（母が私に果物をくれました）
> fruits という言い方もありますが、日常の英語ではあまり使われません。

　日本語に fruit は「フルーツ」という語形で入っているため、くだもののことは何でもかんでも fruits と言ってしまいがち。それをいさめる著者の親心でしょうが、fruits はペケだ！と断定するのは勇み足ではないか。

　Google 検索してみると

"gave me some fruit"　113,000件
"gave me some fruits"　15,600件

　7対1の差がつきました。なるほどsome fruitがおすすめだというのも、うなずけます。しかし、章の冒頭で見た「学校に行く」「学校へ行く」「学校で行く」も思い出してください。「4単語の語群検索で15,600件」というのは、それなりの存在感がある数字です。これをペケと断じるのはひどい。
　別の検索をやってみましょう。

"some fruit" "at the store"　868,000件
"some fruits" "at the store"　468,000件

　差が縮まりました！　この検索件数があらわしているのは、「some fruitないしsome fruitsという語群が存在し、かつ同時にat the storeという語群も存在する」ウェブサイトの件数です。

　商店には、もぎとったままの形をした多種多様な果実があります。数えられる普通名詞としてとらえたくなる気分が高まるのでしょう。

　「母が私にいろんなくだものをくれました」というとき、「もぎとったままの多種多様な個体」としてのくだもの、という含みなら My móther gàve me some frúits. も大正解でしょう。

💬 コアレックス英和も勇み足？

　『コアレックス英和辞典 第3版』(2018年刊) の fruit の項に以下のような記述があります。

> **「フルーツ」は複数形の fruits を用いる？**
> あのお店では果物と野菜を売っています
> ○ Thát shóp sèlls **frúit** and végetables.
> × Thát shóp sèlls **frúits** and végetables.
> 日本語の「フルーツ」という発音から、そして複数形になる vegetable (野菜) の連想から、fruits と複数形で用いられやすいが、果物全体を指す場合は不可算名詞扱いで fruit となる。「リンゴ1個」といった1つの果物を指す場合は a piece of fruit。

この記述も勇み足でしょう。Google 検索してみました。

“sells fruit and vegetables”　 22,300件
“sells fruits and vegetables”　 17,600件

　勝負あった。「どちらの表現も良し」とすべきでしょう。

　(たまたま不幸な事例で『コアレックス英和』をご紹介するハメになりましたが、この辞書は ①フォントが読みやすく ②用例が充実しており、

③句動詞・成句の強勢表示をしており、おすすめの辞書です）

じつは『コアレックス英和』の記述にはモトネタがありました。
Longman Dictionary of Common Errors（ロングマン誤用辞典）です。

> × The shóp sèlls frúits and végetables.
> ✓ The shóp sèlls frúit and végetables.
> × I néver bùy tìnned frúits.
> ✓ I néver bùy tìnned frúit.
> Frúit (=frúit in géneral) is an uncòuntable nóun: 'We èat lóts of frúit in our fámily.' 'Would ányone càre for a pìece of frúit?' (= an órange, ápple, péar etc)
> Frúits (=partícular týpes of frúit) is rárely ùsed in Brìtish Énglish.

（「店では野菜とくだものを売っている」
「缶詰のくだものはけっして買わない」
　fruit（総称としてのくだもの）は不可算名詞である。「うちの家族はたくさんくだものを食べる」「くだもの（オレンジ1個、リンゴ1個、ナシ1個など）にするひとはいませんか」
　fruits（個々の種類のくだもの）という語形は英国英語ではほとんど使われない）

　天下のロングマンの編者らがそこまでおっしゃるなら、Google 検索してみましょう。

"lots of fruit"　　7,910,000件
"lots of fruits"　　3,490,000件
"tinned fruit"　　　870,000件
"tinned fruits"　　　80,800件

　ロングマンの編者らの言い分は相対的傾向としてあらわれてはいますが、「マル・ペケ」を議論すべき絶対的な差ではない。

💬 a piece of fruit とは何か

　ダメ押しで、もうひとつ論じさせてください。a piece of fruit という表現について。

　「fruit ＝不可算」が持論のひとは、「くだもの1個」を a piece of fruit と表現する。先ほど引用した *Longman Dictionary of Common Errors*（ロングマン誤用辞典）に、以下の文が正しい言い方として載っていました。

Would ányone càre for a pìece of frúit?
（くだもの（オレンジ1個、リンゴ1個、ナシ1個など）にするひとはいませんか）

　『コアレックス英和』にも a piece of fruit「1つの果実」という用例が出ています。

　では、a piece of fruit は**必ず**「果物まるまる1個」という意味なのでしょうか。

　英語で「1つの家具」「家具1点」と言うときは a furniture とはできず、a piece of furniture となる。furniture は正真正銘の不可算名詞で、強いて訳せば「室内物件類」。「furniture の、いち piece」という言い方で「家具1点」を表わします。これは疑問の余地がないようです。英英辞典の table の語釈を見てみましょう。（p.087でご紹介した peach の語釈と比べると興味深い）

table:
・a pìece of fúrniture with a flàt tóp that you pùt things

ón or sít àt (*Collins COBUILD Primary Learner's Dictionary*)

- a pìece of fúrniture with a flàt tóp suppórted by légs
(*Longman Basic English Dictionary*)

- a pìece of fúrniture with fóur légs, ùsed for èating óff, pùtting things ón, etc. (*Cambridge Essential English Dictionary*)

- a pìece of fúrniture with a flàt tóp on légs (*Oxford Basic American Dictionary*)

（・平たい天板つきの家具で、そこにものを置いたり、そこの席についたりするもの
・平たい天板つきの家具で、複数の脚に支えられているもの
・4本の脚つきの家具で、そこに置かれた食べものを食べたり、そこにものを置いたりするもの
・平たい天板つきの家具で、複数の脚がついているもの）

　"a piece of furniture" で Google 画像検索をすると、たしかに「家具1点」の写真が多く出てきます。

　ところが "a piece of fruit" で Google 画像検索をすると、まるまる1個のくだものもあるものの、それとともに、くだものをいろいろな形に切ったものの画像も数多く出てきます。

　家具は、どこかを切りとったとたんに「家具」ではなくなります。机の脚だけを手にとって Thís is a pìece of fúrniture. というのはありえない。家具として機能しませんから。だから a piece of furniture は、つねに「売り物になる形の家具1点」という意味になる。

　ところが、くだものは切っても切ってもくだものとして機能するわけです。チーズだって、そうですよね。

　a pìece of frúit がつねに「ひとつまるまるの果実」を指すのであ

れば、a pìece of chéese はつねに「製造過程でチーズ化した瞬間の大きな円盤型ないし直方体のかたまり1個」を指すのでしょうか。いいえ、どう考えても、ふつう a piece of cheese は、そのまま手にして口に運べるサイズに切ったチーズでしょう。

● ● ● ● ネイティブどうしでも意見はわかれる

　UsingEnglish.com というサイトに "a frúit is NÓT a pìece of frúit" と題した投稿ページがあります。ネイティブスピーカーどうしが異なる見解を語っていて面白いです。
　米国ネイティブの Barb_D さん曰く

For mé, "a pìece of frúit" mèans a whóle ápple, a whóle banána, etc.
There is a frúit bòwl on the buffét lìne. Éveryone can tàke a sándwhich, some chíps, a pìece of frúit, and a cóokie. Thàt does nòt méan "óne slíce of ápple." It mèans a whóle ápple.

（わたしに言わせれば a piece of fruit というのは、まるごと1個のリンゴ、まるまる1本のバナナという具合です。ビュッフェ（バイキング）の台に、くだものをのせた鉢もある。それぞれのひとが、サンドイッチ1切れ、ポテトチップス、くだもの1個、クッキー1個というふうに取っていける。「リンゴ1切れ」ではありません。まるごと1個のリンゴです）

　ためしに fruit bowl で Google 画像検索してみると、切らないままの種々のくだものがのった鉢の写真が出てきます。米国人 Barb_D さんの意見は、そういう米国文化を反映しているのでしょう。

　いっぽう、英国ネイティブの old gobbo さん（もと学校の先生と
のことです！）は、こうコメントしています。

I would nórmally tàke "a pìece of frúit" to be a slíce or séc-
tion or párt of a frúit, nót to be a whóle frúit. Sò in "he gàve
them éach a pìece of frúit", I would expèct sóme to recèive
a quárter or a hálf or a slíce of ápple, sóme to recèive óne
or móre ségments of órange, sóme hálf a péar, sóme a
slíce of wátermelon, ...
（わたしの解釈としては、ふつう a piece of fruit というのは、a fruit（1
個のくだもの）の a slice（1 切れ）、a section（1 区分）、a part（1 つの
部分）を指すのであって、a whole fruit（まるごと 1 個のくだもの）を
指すのではない。ゆえに「そのひとは彼らそれぞれに a piece of fruit
をあげた」という文があるとすると、わたしの受ける感じとしては、
リンゴを 4 分の 1、半分ないし 1 切れをもらうひともいれば、オレンジ
をむいた 1 房（½）ないし数房をもらうひともいれば、ナシを半分もら
うひと、スイカ 1 切れをもらうひともいるだろう）

Howèver I accépt that it is póssible to ùse the phráse
lóosely, and they could have been gìven an ápple, an
órange, a péar... but they would be unlíkely, let's fáce it, to
gèt a whóle wátermelon. But if he was gíving whóle frúit,
the séntence would próbably be "he gàve them éach a
frúit", and 'a pìece of' would nòt appéar.
（とはいえ、そこまで厳密に言うこともない。リンゴ 1 個、オレンジ 1 個、
ナシ 1 個をもらうというケースも考えられる。といっても、現実問題
として、スイカ 1 個をもらうというのはありえないだろう。もしかりに、
そのひとが与えるものが whole fruit（くだもののまるごと）なのだとし
たら、言い方としては「そのひとは彼らそれぞれに a fruit をあげた」
と言えばいいのであって、a piece of は余分だろう）

ネイティブのご宣託はけっして完璧ではない

　数えられる普通名詞の顔と、数えられない物質名詞としての顔をあわせもつ fruit の使い方を論じながら、読者の皆さんに辞書とウェブサイトの旅をしていただきました。

　peach, turkey, table のような基本語を英英辞典がどう説明しているか実際に読んでみた感想はいかがでしょう。これなら自分にも使えそうだなと思っていただけたでしょうか。

　Google 検索の機能は、ウェブサイトさがしにとどまりません。「件数」表示の比較によって、言語の揺れを肌で感じ取ることができます。

　英語の用法に関する「ネイティブ」のご宣託がけっして完璧なものではなく、ネイティブどうしで異なる意見が並び立つこともある。それを辞書や学習書の限られたスペースに略述しようとすると、どうしても舌足らずになり勇み足も起きるわけですね。

　頭の整理をしたいかたのために、わたしのお気に入りの学習英和辞典『スーパー・アンカー英和辞典 第5版［新装版］』の説明を引用紹介して、この章をしめたいと思います。（引用文は部分的にことばを補ってあります）

> fruit は「果物」の意味では不可算名詞と可算名詞の両方の使われ方をする。通例単数形で集合的意味、あるいは切り分けた果物の意に用いる。個々の果物や種類を考えるときは可算名詞となる。fresh fruit [fruits] and vegetables 新鮮な果物と野菜。日本語はしばしば野菜を先にいうが、英語は fruit が先の方が多い。fruit は集合的に果物類をさし、fruits はいろいろな種類を意識した用い方。

　文句のつけようがないです。わたし的には、「日本語はしばしば野菜を先にいうが、英語は fruit が先の方が多い」という指摘にしびれました。手元にある 20 種類以上の英英の fruit の項を片っ端から読みましたが、用例があるものは必ず「くだもの→野菜」の順番であり、vegetables and fruit [fruits] という用例はひとつもない。逆に日本語で「くだものと野菜」というと違和感があり、やはり、「野菜とくだもの」ですね。こういう微妙な現象を、100％白と黒ではなく、「しばしば」とか「〜の方が多い」と表現する『スーパー・アンカー英和』のセンスもみごとです。

第 **5** 章

英英辞典とGoogle 検索で
wiseの謎を解明する

Introduction

この章では、英英辞典とともに Google の「画像検索」機能を駆使しながら、wise と clever と intelligent の使い方に迫ります。またまた、ネイティブのご宣託を批判する章となっております。

Google の「画像検索」はこんなに役立つ

　2022 年に心をゆすぶられた映画、そして原作小説は *Where the Crawdads Sing* でした。邦題は『ザリガニの鳴くところ』です。

　crawdad という単語は、よほど詳しい辞書でないと出ていません。*Merriam-Webster's Collegiate Dictionary* によれば

> **crawdad**: CRÁYFISH — ùsed chíefly wést of the Appalá-chians

　（crayfish と入れ替えがきく。おもにアパラチア山脈の西側で使われることば）

　ちなみに、ストーリーの舞台となっているのはノースカロライナ州の湿地帯なので、アパラチア山脈の東側ではあります。

　動物や植物をあらわす英単語は、なまじっか英和辞典をひいて和訳語で脳をかき乱したくない、とわたしなどは思うのです。crawdad なり crayfish という単語にふれて、ふわっと画像が浮かぶほうがすてきだと思いませんか。

　自然描写のうつくしい *Where the Crawdads Sing* を読むときも Google 画像検索が重宝しました。画像検索すると、crawdad は野生のままに精悍で、crayfish は水槽生活が長いのかズングリもっさりしています。Google 画像検索の結果は、単語のニュアンスもあぶりだしてくれます。

　知らない植物や昆虫その他の動物の英語名が登場するたびに、英和辞典ではなく Google 画像検索で「どんな姿をしているのか」確認すると、小説を読む楽しさが増しました。

p.065 の桃太郎の英文に戻ります。本文の最後に、こうあります。

The nèxt mórning, a cùte báby was bórn out of the frúit, who tùrned óut to be thóughtful and wíse.

この英文の最後の wise にイチャモンがつきました。「子供が賢い」ときは wise ではなく clever や intelligent を使うものだと。『新版 日本人に共通する英語のミス151』(2020年刊) の108ページに、こうあります。

> × My fòur-year-òld néphew is vèry wíse.
>
> wise は判断力に優れ正しい決断ができるという意味です。「人が wise である」と言ったら、その人が成熟していて経験が豊富であるという意味合いが含まれているので、子どもについて表すときに wise という語はめったに使いません。物覚えが速く理解力があるという意味で「賢い」と言いたいときは、clever や intelligent を使います。
>
> ○ My fòur-year-òld néphew is vèry cléver.
> 　(私の4歳のおいはとても賢い)

4歳児のことを wise と言うのがバツなら、まして赤ん坊の桃ちゃんのことを wise と言うのは断じて許されないというのが、同書のお説ということになりましょうか。

"wise baby" "clever baby" "intelligent baby" でもって件数比較すれば、同書のお説が正しいかどうか答えは一発で出ます。ここは、結論を急ぐ前に回り道を楽しみましょう。

　先ほど crawdad と crayfish を Google 画像検索しました。こんどは "wise baby" "clever baby" "intelligent baby" を同じく画像検索してみましょう。

"wise baby"

　画像検索結果のトップは書籍の表紙です。

The Wíse Báby: 9 Pròven Strátegies to Máke Your Chíld Becòme a Báby Wíse in Júst 1 Wéek（賢い赤ちゃん：あなたの子供をわずか1週間で賢い赤ちゃんにしてくれる実証済みの9つの手立て）

　本のタイトルになるくらいだから、表現的に OK というべきでしょう……。

　検索結果の2つ目と3つ目は、赤ん坊に老人めいたあごヒゲを生やさせたコミカルな合成写真。「baby が wise というと、"年寄りの baby" みたいなんだよね」とばかりに。たしかに "wise man" で画像検索すると、神話かおとぎ話に出てきそうな、白髪に長いヒゲの老人ばかり。"wise woman" で画像検索すると、これまたほとんどが老女です。『英語のミス151』が wise には「成熟していて経験が豊富であるという意味合いが含まれている」と言ったのも、うなずけるところです。

　しかし画像検索の結果をさらに見ていくと、ごくふつうのベビー写真が続きます。a wise baby という表現は、ぜんぜん「あり」だろ！と直感させてくれます。

"clever baby"

　画像検索結果の2位と4位は、*Clèver Báby* と題した本の表紙。この2位と4位は別々の本です。先ほどの wise baby も書名になっていましたが、clever baby もまた本のタイトルになるくらいですから、文句なしに OK だ……。

　しかし、です。検索結果トップ10のうち5つの画像の赤ん坊が、

不自然に大きな黒縁の眼鏡をかけているのです。検索結果11位の赤ん坊は、おむつをつけて黒板の前に立ち、高等数学の数式を書いています。先ほどの wise baby のアゴひげベビー以上にコミカルです。

"intelligent baby"

検索結果トップ10のうち4つの画像のベビーが眼鏡をかけ、2つの画像では学者の象徴である角帽をかぶっています。検索結果3位の画像の赤ん坊は、自宅の壁に微分や三角関数の数式の落書き中……。どうも intelligent baby の知能指数は clever baby よりもさらに高そうです。

このように、**Google 画像検索を使えば、英語表現がもつニュアンスを日本語を介することなく大づかみにすることができます。**英英辞典の機能を補うものとして、ときどき利用してみてはいかがでしょう。

さあ、皆さんは wise, clever, intelligent のうち、どれが桃太郎
さんの赤ん坊時代を表現するのに最適の形容詞だと思いますか。
　英英辞典で wise, clever, intelligent の語釈を見てみましょう。

> **wise:**
> - hàving or shòwing the abílity to màke góod júdgments, básed on a dèep understánding and expérience of lífe ‖ *a wìse léader* (Cambridge Essential English Dictionary)
> - knówing and understánding a lót about màny thíngs ‖ *a wìse òld mán* (Oxford Basic American Dictionary)
> - a wíse pèrson is àble to understànd thíngs and màke the ríght decísion ‖ *a wìse òld mán* (Longman Basic English Dictionary)
> - àble to ùse your expérience and knówledge to màke sénsible decísions and júdgements ‖ *She's a wìse wóman.* (Collins COBUILD Primary Learner's Dictionary)

　4つの辞書の語釈をながめると、キーワードとして次のような単
語が目立ちます：judgement（判断）/ understand（理解する）/
experience of life（人生経験）/ knowledge（知識）/ decision（決断）。
　用例のなかでは a wise leader に注目です。「人を率いる力を有
する」というのが wise の重要要素だと教えてくれます。となると
桃太郎は、やはり wise かな？
　オックスフォードとロングマンがそろって a wise old man を用
例にしています。先ほど Google 画像検索でも見ましたが、イメー
ジ的に wise には老齢というか人生経験がつきものということなの
でしょう。
　コリンズ・コウビルドの例文 She's a wìse wóman. は用例のあ

るべき役目を果たしていません。こういう例文に接するとガッカリします。およそ人間の特性を表わす形容詞ならなんでも woman の形容詞として入れ替えがきいてしまう。辞書の用例としては She's a wìse léader. のようなものを入れるべきでした。

---

clever:

- 1. góod at léarning and understánding || *a clèver stúdent* 2. shòwing intélligence || *a clèver idéa* (Cambridge Essential English Dictionary)

- intélligent and àble to thínk and understánd quíckly || *He's a vèry cléver mán.* (Collins COBUILD Primary Learner's Dictionary)

- intélligent and shòwing skíll; quíck at lèarning and understànding thíngs || *a clèver strátegy* (Oxford Basic American Dictionary)

- quíck at lèarning and understànding thíngs (Longman Basic English Dictionary)

　3つの辞書の語釈で intelligent・intelligence が登場していて、なるほど clever と intelligent は近しい類義語なのだなと感じます。その他のキーワードとしては、learn（学ぶ）/ understand（理解する）/think（思考する）/quick(ly)（すばやい・すばやく）/skill（技能）。先ほどの wise とは異なる景色ですね。

　用例のなかでは a clever student に注目です。人が clever だというとき「学力」が重要要素だと教えてくれます。桃太郎さんも学校に通えば clever かどうかが話題になるのでしょうが、おとぎ話では寺子屋に通ったようすはありません。

　コリンズ・コウビルドが He's a vèry cléver mán. というオバカ

な用例を掲載しています。先ほどの She's a wìse wóman. 同様、
およそ人間の特性を表わす形容詞ならなんでも man の形容詞と
して入れ替えがきいてしまうから、用例として役立たず。辞書の用例
としては He's a vèry cléver stúdent. ならよかったのに！

> **intelligent**:
> - àble to lèarn and understànd thíngs éasily || *She is a highly intélligent yòung wóman.* (Cambridge Essential English Dictionary)
> - àble to thínk, understánd and lèarn thíngs quíckly and wéll || *Súsan's a vèry intélligent wóman.* (Collins COBUILD Primary Learner's Dictionary)
> - àble to thínk, léarn, and understánd quíckly and wéll || *Their dáughter is vèry intélligent. | an intèlligent quéstion* (Oxford Basic American Dictionary)
> - quíck to lèarn and understànd thíngs || *She is a vèry intélligent chíld.* (Longman Basic English Dictionary)

　語釈のキーワードを一見して見えてくるのは、clever とまった
く同じ景色です。clever と intelligent は意味が非常に近い類義語
どうしなのですね。
　ところで、*Merriam-Webster's Collegiate Dictionary* を引くと、
語源情報に加えて、その単語が英語にはじめて登場した年（残って
いる文字情報で確認できる初出年）を知ることができます。
　それによれば clever は1595年に初出。シェイクスピアが活躍
していた頃です。語源はスカンジナビア系と推測され、デンマーク
方言の kløver に近似とあります。ゲルマン系の単語ですから日常用
語向きです。

いっぽう intelligent はラテン語から採られました。語形も長いし高級語彙です。初出は意外にも clever より古く、1509年とのこと。

決定版! Google 検索件数比較

さて、いよいよお待ちかねの Google 検索件数比較です。

"wise baby"	232,000件
"clever baby"	128,000件
"intelligent baby"	90,600件

意外にも wise baby が勝利を収めました。baby は未就学なので intelligent ぶりよりも wise ぶりが注目されたというわけでしょう。

"wise child"	157,000件
"clever child"	108,000件
"intelligent child"	247,000件

いっぽう child のほうは intelligent との親和性が良いようです。しかし wise child も健闘しています。『英語のミス151』が My fòur-year-òld néphew is vèry wíse. に大きくペケをつけたのは判断を誤った。ネイティブの主張、必ずしも正しからず!
※本書で表示している検索件数は、2023年4月時点のものです。じつは2022年の秋に同じ検索をかけたときの結果は以下のとおりでした:

"wise child"	211,000件
"clever child"	1,140,000件
"intelligent child"	1,110,000件

　Google 検索の結果は絶対的なものではなく、ものごとの傾向を見る参考ていどの存在とお考えください。

"wise kid"	46,200件
"clever kid"	92,400件
"intelligent kid"	62,100件

　kid は child の口語表現ですから、その辺をわいわい言いながら走り回っている子供の姿が浮かんでくる単語です。intelligent が高級語彙なのにひきかえ kid はくだけた表現ですから、intelligent kid は文体上の折り合いが悪いのでしょうね。clever kid は、いかにも「はしこいガキ」という感じ。件数が多いのもうなずけます。
（これも 2022年秋の検索結果は次のとおりでした：
"wise kid" 61,100件 ／ "clever kid" 754,000件 ／ "intelligent kid" 152,000件）
　それでは男女の比較はどうなるのか。

"wise girl" ／ "wise boy"	299,000件／330,000件
"clever girl" ／ "clever boy"	1,230,000件／677,000件
"intelligent girl" ／ "intelligent boy"	513,000件／285,000件

「男の子・少年」に比べて「女の子・少女」の利発さが注目される結果となっています。
　stupid や playful と、girl や boy のあいだの親和性を件数比較してみたくなりましたが、キリがないので本章はこの辺で。
　Google 検索で件数を比較すれば、単語の素顔が見えてきますね。
　英英辞典を使い、Google 画像検索や検索件数比較で補強すれば、日本語を介することなく英語の素顔にアプローチできます。わたしはもう、これにすっかりハマっています。

第 **6** 章

TOEIC攻略法

◤ *Introduction*

「TOEIC や英検の攻略に英英辞典が効く」って、いまだにピンとこない……。

それなら、この第6章を読んでください。

後半では英英辞典にとどまらず TOEIC Listening & Reading に向き合うための耳寄りなコツの数々も披歴してあります。

言い換え表現の「マル暗記」勉強法？

「なるほど TOEIC にも英検にも英文和訳はない。**英語を別の英語でどう言い換えるかがポイント**だ、というのはわかった。四択問題で、ちゃんとした言い換え表現をすばやく見つけられることを目指すわけだな」

そのとおりです。

「単語の意味を覚えるとき、これまでは英和辞典で最初に出てくる和訳を暗記してきた。今後はその代わりに英単語の言い換え表現をしっかりおさえろということだな。つまり、**英英辞典に英語で書いてある定義をマル暗記しろということか？**　そんなの、とてもムリだ!」

はい、ムリだと思います。

「しかも**英単語の言い換え表現はいろいろある**だろう。**そもそも英英辞典によって、同じ単語でも説明表現は異なる**。かりに英英辞典に出ている言い換え表現をマル暗記したとしても、別の言い換え表現が四択問題に出てきたら事前準備は全部ムダになる!　いったいどうすればいいのだ」

　日本人は、きまじめです。このような戸惑いを漠然と感じている読者もおられるでしょう。わたしなりにお答えするところから始めましょう。
　じつは本書執筆の途中にあれこれ読んだなかで、3人の論者が「英英辞典の語釈のマル暗記」をすすめているのに相次いで遭遇し、驚き、あきれました。まさかと思い「英英辞典　暗記」でネットを

検索してみると、そういう論者が他にもいるわ、いるわ、いやはやビックリです。

読んだ語釈のキーワードが記憶に残ったというなら自然だと思いますが、英英辞典の語釈はけっこう長い。それをマル暗記せよとは、どう考えてもムリすじです。そんなムリすじをひとにすすめるから、英英辞典がますます敬遠される。そもそもそういう暴論をひけらかす論者は英英辞典をどう使っているのか。そっと横に立って拝見したいものです。

わたしは自他ともに認める「英英辞典づかい」ですし、中国語を読むときは基本的に中中辞典を使い、フランス語なら仏仏辞典を使っているのですが、そういうとき「辞書の語釈を読んでマル暗記」しようとしたことは一度もありません。

目指すところは単純で、**日本語を介さずに意味を把握する**ことにある。それを目指すのが「英英辞典づかい」というものです。その意味で、本書の p.044 で見たように、名詞の challenge を difficulty に置き換えて考え、形容詞の challenging を difficult と読み換えるのは、これは「あり」。英英辞典の語釈を読んで、そのエッセンスを自分なりの表現に落とし込むのは「あり」でしょう。それは、わたしもやっています。

国語辞典 (つまり日日辞典) を使うとき、語釈をいちいち覚えるように国語の先生から指導されたことのあるひとはいますか？　あなたが日本語ネイティブとして日本語の単語を使うとき、いちいち辞書に書いてある単語の語釈を思い浮かべながら話したり書いたりしますか？　そもそも、辞書の語釈はマル暗記するためのものではない。**日本語を使うときに国語辞典に向き合うのと同じ感覚で、英語を使うときは英英辞典に向き合うのがいい。**

われわれが日本語の文章を読んでいて意味のわからない単語に出くわしたとき、辞書や PC やスマホで意味を調べる。**調べて出てきた説明をそのまま暗記しようとはしないでしょう。**むしろ、**もとの**

文章に戻って「あぁ、この文が言いたいのはそういうことだったか!」と理解・納得して先へ進むのではないでしょうか。

英英辞典を使うときも、そうありたいものです。

英英辞典づかいは野球の素振りだ

英英辞典で単語の語釈を読んだら、もとの文に戻ってもういちど文全体を読み、理解・納得できるか確かめてみる。

さらに良いやり方は、語釈を読んだあとに、まず辞書に載っている**例文を読んでみて自分なりに意味が通るか確かめ**、そのうえで、もとの文に再アタック、というパターンでしょう。

語釈を読んだだけでは「何が言いたいのか」よくわからなかったものが、例文を読むことで「あ、そういうことか!」と理解・納得することがよくある。その意味で、**英英辞典の例文はとてもだいじな役割をもっている**と思います。

おそらく学習塾での促成英語教育から来るものなのでしょうが、日本で広く行われている「英和辞典や単語集で最初に出てくる和訳を暗記する」というやり方は、あくまで学習の初期に限った便宜的なものであるはずです。本来なら学習者の語彙力が2,000語を超えたあたりで、辞書の使い方を「暗記もの」から「例文を通じた理解・納得」へ切り替えるよう、生徒たちに指導すべきなのです。

TOEICや英検の四択問題に、英英辞典で見かけた言い換え表現がそのまま出てきた!などという幸運はまずない。だったら英英辞典を使うのはムダで、やっぱり英和辞典や英和単語帳に戻るべきなのでしょうか。

わたしはこれを「野球の素振り」にたとえたい。いくらバットの素振りをし、バッティング練習をしたとしても、練習でバットを振ったとおりのコースに1ミリもたがわず投球が飛んでくることは、まずないわけですね。

　それではバットの素振りはムダなのでしょうか。ゴルフのクラブの素振りはムダなのでしょうか。

　TOEIC や英検準備にあたっての英英辞典の役割は、思いっきり俗っぽく言えばバットやゴルフクラブの素振りです。

　「英語をじかに別の英語で言い換えて表現する」ことが臨機応変**にできる能力** —— これが英語オンリーの TOEIC や英検で問われている力です。英英辞典で言い換え表現をマル暗記し、そのマル暗記内容がドンピシャでテストに出る、などということはムリすじ。しかし、英語言い換えの実例に日々触れれば、英語表現が多様であること、同じ内容を英語で表現する方法がさまざまであることを実感できます。「ことばは、同じことをいろんな言い方で言える」 ——こういう当たり前のことがあなたの英語の基本動作のうちに組み込まれれば、TOEIC や英検の四択問題への心理的な壁がなくなります。

　脳の臨機応変力を鍛えていく —— これが目指す目標です。

　「英和」辞典や「英和」単語帳を使っているかぎり、「英語を英語で言い換える」訓練はできません。

リスニング強化は「スピード音読」で得られる

　ここからは英英辞典を少し離れて、試験準備のコツをこっそりお教えしましょう。

　リスニング強化。どうすればいいのか。

　聴きゃぁいいんでしょ、聴きゃぁ！　バカのひとつ覚えというか、すねた子供みたいというか、ひたすらリスニング教材を聴くだけ、という勉強法で墓穴を掘るひとが多い。

　じつに罪作りだと思うのが、「聴いているだけで英語がわかるようになる」という触れ込みの「リスニング教材広告」です。YouTube であらゆる音声教材が無料で聞けるいまは、さすがに下火になったようですが、かつては「聴くだけで OK」を看板にかかげてカセットテープや CD のセットを高値で売りさばく商法が盛んでした。

　聴いてわからない英語が、何十回も聴いているだけである日、パッ！と聞き取れるようになる、なんてことは、ないです。わからないものは、わからないままです。

　意味のわからない英単語が、前後の脈絡を通じてわかるようになる——というのは、文章を目で見てゆっくりと意味を追うぶんには可能、というか、大いにあってほしい。しかし、脳を猛スピードでかけぬける英語の音声でもって単語の意味の文脈類推をするというのは、AI 並みの脳をお持ちでない限り、ムリすじというものです。

　ではどうすればいいのでしょうか。いまでも鮮烈な印象が残るノグチさん（仮名）のことをお話ししましょう。

 自分が音読できないテキストを聞き取ることはできない

　ノグチさんは TOEIC のリスニングのスコアアップが望みで、おためしレッスンにいらっしゃいました。

　まずはコテ調べ。市販の TOEIC 問題集の［易］→［難］の中間あたりのリスニング問題を聴いてもらいました。ノグチさんは、シラーッとしたようすで淡々と聴いていましたが、次々に四択問題の正解を口にします。

> **わたし：** すごいじゃないですか。Áll of your ánswers are corréct!
>
> **ノグチ：** だって、答え、ぜんぶ覚えてますから。このあとの問題は、A, C, B が正解。
>
> **わたし：** えっ？　……たしかにそうです。
>
> **ノグチ：** 何度も解いたから、答えを覚えちゃったんです！
>
> **わたし：** でも、本番で同じ問題はぜったい出ませんけどね。まぁ、それはさておき、先ほどのリスニング問題のテキストがこれです。Would you rèad it alóud?

　ノグチさんが音読をはじめましたが、四択の正解が記憶に残るほど聴き込んだわりには、読み方はつっかえつっかえ、しどろもどろ。そして both of us のところで止まりました。

> **ノグチ：** ボズって、何ですか？
>
> **わたし：** ボズ、って……あの、both of us って、意味わかります？
>
> **ノグチ：** ボズ・オブ・アスって、さぁ何でしょうか。

　ノグチさんの脳は、both という単語の字面を見た瞬間に「ボズ」なのだと思い込んでしまい、せっかくわたしが /bóuθ əv ʌs/ と発音しても「ボズ・オブ・アス」の世界から動きません。こういう「思い込み」現象はほとんどの受講者になんらかのかたちで存在します。

わたし： ノグチさん、**自分がちゃんと音読できないテキストを聞き取ることはできない**ですよ。逆にいえば、**自分が音読できるスピードの英語なら聞き取ることができる**わけです。リスニング問題に取り組むには、ノグチさん自身が**ナチュラルスピードで英文をただしく音読できるよう練習**してください。

ノグチ： え、リスニングなのに音読練習ですかぁ……。

わたし： そうです。そこが学習者にとっての盲点です。それから、語彙の基礎力をしっかりつけてください。出てくる単語を全部辞書で調べろとは言いません。ご自宅にある問題集には英文テキストと和訳がついているわけですから、和訳を見ながら英単語の意味やつながりを確かめるのが、最低限の基本動作ですよ。

ノグチ： え、リスニングなのに読解練習ですかぁ……。

わたし： ノグチさんねぇ、both みたいな基本語彙が飛んじゃってるのは、かなりマズいです。いちど基礎固めをしっかりやったほうがいい。正直いって **TOEIC 問題集よりも、まずは中学3年～高校1年に立ち帰って、英検準2級あたりの問題集を音読教材として利用するといい**ですよ。やさしめの文章を利用して、ご自身の**音読の速度をネイティブなみにスピードアップさせる**ことを心掛けてみてください。音読が**ひとりよがりなクセのある読み方になっていないか、英語ができるひとに聴いてもらってアドバイスをもらうことも強くおすすめします。**

　――― ノグチさんはそれっきり音信不通。ご自分なりの学習法に開眼してくださっていればいいのですが。

🗨 リーディング問題は、読まずに解く力が試される

　小学生のときから「試験問題は、隅から隅まで、最初から最後まで、よ〜く読んで解くんですよ」と言われ続けて育った、きまじめな日本人。

　「いいですか。リーディング問題は、**読む文量をいかに減らすか**がポイントですよ！　読まずに解ければ解けるほど、自分をほめてください」

　こう言うと、たいていのかたは「えッ?!」と天地がひっくり返ったように動揺します。小学生のときから植えつけられた常識がガラガラと崩されるわけですから。

　TOEICのリーディング問題は圧倒的な文量なので、律義にぜんぶ読もうとしてもムリ。多くの受験者は中ほどまで解いたところで時間切れが近づき、後半部分はテキトーにマークシートを埋めて運を天に任せる、人間の顔をしたおサルさん状態になります。

　わたしの見立てでは、リーディング問題トータル100問のうち、**はじめの60問ほどは問題全文を読むことなく部分的に読んだだけで解ける。**ここでいかに読む文量を減らして時間を捻出できるかが勝負のカギ。**要領の良さ**が問われます。

　後半の40問ほどは急に手ごわくなり、全体にサッと目を通さないと足をすくわれることが増える。集中力が途切れそうになるなかで速読力が問われます。

　前半の60問のうち、はじめの30問は文法力を問う。例えば、こんな問題です（やや極端なかたちで作問してみました）。

Jóhnson Technólogy's finàncial propósal submítted yésterday tùrned óut to be múch _____ than the compétitors' óffers to ímplement the lòng-awáited renèwable énergy pròject.

(A) well
(B) best
(C) better
(D) good

Your informátion about lòcal hotél dìscounts was só _____ I could sàve móre than $100, which I spént to bùy some nìce souvenírs for my friénds.

(A) helped
(B) helpfully
(C) help
(D) helpful

　ちょっと簡単すぎたでしょうか。どちらも5秒以内で解きたい。中学3年生でも解けます。

　基本的に、まずは**穴埋め箇所の直前・直後のくだり**に注目しましょう。

　最初の問題は much _____ than のところだけ見れば、そこに入るのが形容詞の比較級だとわかります。than があれば、その前のどこかに比較級の形容詞ないし副詞があるはずだからです。much の前の10単語と than の後ろの10単語は、まったく読む必要がありません。ほとんど読まずに解けた自分を思い切りほめてやりまし

ょう！

つぎの問題は was so ＿＿＿ とあります。ここを見ただけで、穴埋め語は形容詞（またはそれに準ずる過去分詞）だな！とピンと来てほしい。Your information ... was so helpful で文が成立することを確かめて、正解は（D）だとわかります。そのあとの I could save 以下の17単語はまったく読む必要なし。1秒をおしみましょう。

リーディング問題全100問の最初の30問でバタバタ討ち死にしているかたは、そもそも中学英語の基礎ができていないのです。40代・50代のかたも、社会人向けの英語学習書コーナーではなく、中高生向け参考書・問題集コーナーに行き、お子さんのための本を物色するフリをしながら**中3生向け文法問題集を買う**ことをおすすめします。『公式 TOEIC Listening & Reading 問題集』（国際ビジネスコミュニケーション協会刊）で試験問題の実際を知っておくことはもちろん必要ですが、**文法の基礎固めのためには中学生レベルの問題をたくさん解くこと**です。社会人向けの英語学習書コーナーを占領している数多くの TOEIC 問題集は、いろんなポイントのつまみ食いに終わり、基礎固めには役立ちません。

リーディング問題の後半に行けば行くほど英語の総合力が問われます。しかし「文章全体の要旨」を問うような問題はありません。たいていは、問題の答えにあたる部分が文章のどこかに隠れているわけです。ターゲットとなる**キーワードを探して字づらを追いながら、「本気で意味を把握しつつ読むべきキモの部分」をできるだけ速くサーチする** —— これをわたしは「サーチ読み」ないし「スキャン読み」と呼んでいます。サーチ読みのあいだは、文意を把握しようとせず、ひたすら字づらだけ追う。超速でターゲットのキーワードを見つける。

「公式問題集」の別冊「解答・解説」には、問題文のどの箇所に注目すれば正解が得られるのか具体的に書かれています。問題集の本編をひろげて、問題文の該当箇所にラインマーカーで線をひいてい

きましょう。これをあるていどやってみると、読むべき場所を探しあてる勘所が少しずつわかってきます。

つねに意識しておきたいのは「できるだけ読む文量を減らしながら解答を探し当てる」こと。例えば手紙文形式の問題で「宛名人の住所までていねいに目を通していました」というひとが現実にいましたが、こういうムダはスコアに結びつかないどころか、貴重な時間を浪費してスコアを引き下げてしまいます。

TOEIC Listening & Reading は、英語の実力以前に「要領の良し悪し」でもって軽く100点くらい差がつくのでは？　加えて、集中力が維持できるかどうかで、もう50点くらい差がつく。英会話学校の広告に、短期間で何百点もスコアが上がったという受講者の声が掲載されていたりしますが、実力アップもさることながら「要領のよさ」を身につけられたのでしょう。

「単語集」本の利用のしかた

TOEIC も英検も高校・大学の入試にも、試験準備に「単語集」本はつきものです。古くは「赤尾の豆単」や「でる単」「しけ単」にはじまり、英検の各級対応の「でる順パス単」、重要ウン千語の単語集は数知れず。

「単語集」本は、買っただけで自分の実力が急速にアップするのではないかという錯覚を与えてくれる魔力がありますね。教科書や問題集は「読まなきゃダメ」「解いて答え合わせしなきゃダメ」なのが明白ですが、「単語集」本は「パラパラとめくっているだけで単語が覚えられるかも……」という、あらぬ期待感を与えます。

期待がふくらみ、ほとんど全単語が未知の単語集を背伸びして買って墓穴を掘る —— これがよくあるパターンです。

わたしは語学の虫ですから、過去にさまざまな言語の単語集を買ったわけですが、結論からいえば、**語学好きのわたしでさえ、「単**

語集を使って単語力がメキメキ伸びた」経験は一度もない。やはり**単語というのは文章のなか、文脈のなかで覚えていくもの**。文章・文脈のイメージや前後のつながりに支えられながら記憶に残っていくのが単語というもの。日本語ネイティブのあなたが日本語の単語を習得するとき「重要単語集」のたぐいを使ったことはないはずです。古文を勉強するときも「重要単語集」はけっきょく役に立たず、『徒然草(つれづれぐさ)』あたりを何度も読んで重要単語に慣れていったのでは?

「単語集」本の用途はあくまで「落穂ひろい」。単語集を買われるときには、「10の見出し語のうち7つか8つは見知った単語だ」レベルのもの、つまり「やさしめ」の単語集にしましょう。**語彙習得にはデコボコがあるので、その「ボコ」を埋め、穴をふさぐためのツールとして単語集を利用**するのであれば、単語集は役立つ。

やさしめの単語集を買い、実力アップに応じて少しずつ単語集のレベルを上げて買い足していく。最初からバシッと1冊の決定版を買うのと比べて、損した気分かもしれませんが、わたしの経験から言えば実際に役立つのはそういうやり方でしょう。

自分が埋めなければならない穴がごく限られた数であれば、**人間心理として「全部埋めたくなってくる」**ものです。やさしめの単語集は「知ってる単語が多いけど、知らない単語もあるから、そこは**制覇してしまいたい!**」という気にさせてくれる。

逆に、背伸びして難度の高い単語集をいきなり買ってしまうと、目の前は穴ぼこだらけ。ただ茫然とし、やる気が失せてしまうのですね。

以上、スコアアップにつながりそうなポイントをまとめてみました。お役に立てばさいわいです。

英英辞典見出し語当てクイズ ①

以下の英英辞典の語釈を読んで、見出し語を当ててください。いずれも、1音節でできている基本的な単語です。ヒントとして各単語の最初の1文字を掲げておきます。

1. [b   ]
   a bícycle or a mótorcycle

2. [e   ]
   óne of the twó párts of your héad that you ùse to sée with

3. [k   ]
   a màle rúler of a cóuntry, úsually a mémber of a ròyal fámily

4. [c   ]
   a swèet bàked fóod that you máke from flóur, éggs, súgar, and bútter mìxed togéther

5. [s   ]
   the área above the Éarth where you can sèe clóuds, stárs, etc.

6. [m   ]
   the whìte líquid that fèmale ánimals prodúce as fóod for their bábies, which péople àlso drínk

7. [b   ]

a squàre or rectàngular contáiner with a hàrd bóttom, hàrd sídes, and ùsually a líd

8. [f   ]

an ánimal that líves and bréathes ónly in wáter, and ùsually has fíns and scáles

9. [s   ]

stròng hàrd métal made màinly from íron, úsed to màke kníves, tóols, and machínes

10. [c   ]

a whìte or grày máss of vèry smáll dròps of wáter flóating in the ský

11. [c   ]

a tàll plánt with làrge yèllow gráins at the tóp, which you can éat

12. [o   ]

thìck líquid from plánt, ánimal, or mìneral sóurces that does nòt dissólve in wáter and that we ùse in cóoking or for énergy

13. [w   ]

óne of the twó párts of the bódy that a bírd, a bát, or an ínsect ùses for flýing

14. [h　　　]

a cùrved píece of métal or hàrd plástic for hànging thíngs òn or for càtching físh wìth

15. [s　　　]

a smòoth, shìny clóth made from vèry thìn thréads that an ínsect màkes

▶解 答◀

1. bike

a bícycle or a mótorcycle
自転車ないしバイク（オートバイ）
【注】日本語の「バイク」は100％オートバイだが、英語の bike は Google 画像検索すると、ほぼすべて自転車。

2. eye

óne of the twó párts of your héad that you ùse to sée wìth
ものを見るのに使う、頭部にある2つの部位のうちのひとつ
【注】語釈の最後の with は、see **with** one of the two parts of your head の with です。

3. king

a màle rúler of a cóuntry, úsually a mémber of a ròyal fámily
国の支配者。男性であり、ふつう王家の一員

4. cake

a swèet bàked fóod that you máke from flóur, éggs, súgar,

and bútter mìxed togéther
よく混ぜた小麦粉、卵、砂糖、バターでつくる、オーブンで焼い
た甘い味の食品

5. sky

the área above the Éarth where you can sèe clóuds, stárs, etc.
地球の上方にあり、雲や星などが見えるところ

6. milk

the whìte líquid that fèmale ánimals prodúce as fóod for their
bábies, which péople àlso drínk
動物のめすが子らの栄養のために出す白い液体で、これを人も飲
む

7. box

a squàre or rectàngular contáiner with a hàrd bóttom, hàrd
sídes, and ùsually a líd
真四角や長四角の容れもので、かたい底とかたい複数の側面から
なり、ふつうはフタがある

8. fish

an ánimal that líves and bréathes ónly in wáter, and ùsually
has fíns and scales
水のなかだけで生きて呼吸する動物で、ふつう、ひれとうろこが
ある

9. steel

stròng hàrd métal made màinly from íron, úsed to màke
kníves, tóols, and machínes

おもに鉄からつくられる、がんじょうで硬い金属で、ナイフや工具や機械をつくるのに使われる

10. cloud

a whìte or grày máss of vèry smáll dròps of wáter flóating in the ský

白ないし灰色で、空に浮かぶ非常に小さな水滴のかたまり

11. corn

a tàll plánt with làrge yèllow gráins at the tóp, which you can éat

てっぺんに大粒の黄色い穀粒をつける背の高い植物で、穀粒は食べられる

12. oil

thìck líquid from plánt, ánimal, or mìneral sóurces that does nòt dissólve in wáter and that we ùse in cóoking or for energy

植物・動物・鉱物性の濃い液体で、水には溶けず、調理に使ったりエネルギー源にしたりする

13. wing

óne of the twó párts of the bódy that a bírd, a bát, or an ínsect ùses for flying

鳥やこうもりや虫が飛ぶのに使う、からだの2つの部分のうちのひとつ

14. hook

a cùrved píece of métal or hàrd plástic for hànging thíngs òn or for càtching físh with

金属や硬いプラスチックの、曲がったかたちの小さなもので、それにものをひっかけたり、それで魚を釣ったりする

【注】hanging things on の on は、hang things **on** a curved piece of metal の on です。同じく、catching fish with の with は、catch fish **with** a curved piece of metal の with です。

15. silk

a smòoth, shìny clóth made from vèry thìn thréads that an ínsect màkes

虫が出す非常に細い糸でできた、すべすべで光沢のある布

コラム

Thing Explainer は究極の「英語言いかえ」絵本

　こんなたのしい人体解剖図は、はじめて！

　心臓は blóod pùsher。脳は thínking bàg。肺は áir bàg。小腸は smàll fóod hàllway（小さな食べもの通路）とある。とかく、ものの名前を知れば「わかった」つもりになりがちだが、出来合いの名前をいったん脇において、1,000の基本単語（とその派生語）だけで世の中のあらゆるものに名前をつけなおしてみたら、ちがう世界が見えてくるのでは？ —— そういう考えのもとにユーモアたっぷりに編まれた絵本が Randall Munroe著 *Thíng Explàiner: Còmplicated Stúff in Sìmple Wórds*（2015年刊）だ。

　「英英辞典」もまた、英語表現を別の英語表現でどのように言い換えられるかを何万もの実例で示したもの。*Thing Explainer* は究極の英英辞典かもしれない。

　著者の手にかかれば、mícrowave (òven) は fóod-hèating rádio bòx（食べもの温（あたた）め電波箱）だし、hélicopter は ský bòat with tùrning wíngs（回り羽根式空舟（くうしゅう））となる。

　では hèavy mètal pówer bùilding は何のことだろう。重金属電気館（やかた）って？　ウランという重金属を熱源にして電気を起こす建物だから nùclear pówer plànt のことだ。では hánd compùter は？　手乗りコンピューター、つまり smártphone だ。

【クイズ】

Thing Explainer の世界で、次の表現は何をあらわしているでしょう。ふつうの英語に言い換えてください。

1. blóod clèaner　2. párt brèaker　3. yéllow water hòlder
4. móuth water màker　5. úsed food hòlder　（解答は p.152 に）

第 **7** 章

わたしが英英辞典トラウマを
脱するまで（上）

☑ *Introduction*

いまでこそ、英英辞典べったりのわたしですが、じつは英英辞典を本格的に使うまで何度も挫折がありました。

そんなわたしを笑ってやってください。

そして、なにか教訓をくみ取っていただけるとうれしいです。

英英辞典ほどオトクなものはない

　英英辞典派のわたしですが、身近に英和辞典も備えてあります。わたしが英和辞典を使うのはこんなときです。

（1）植物や動物の和名、医学関係などの専門用語の正しい和訳を知りたいとき。

（2）英文をガチで和訳していて、きれいな日本語文に仕上げたいのに適当な日本語の単語が思い浮かばないとき。（例えば、第1章p.024で引用した the actívity of provìding góods and sérvices の activity は「活動」ではシックリこないなぁと悩んでしまい、英和辞典を見たら「行為」という訳語も出ていて、これにとびついた）

（3）英英辞典を読んで、いまひとつピンとこないときの「駆け込み寺」として。

　英和辞典を使ったほうが、はるかにラクなはずなのに、英英辞典に固執するとはよほどの偏屈もの？　あるいは修験者よろしく、あえて苦労を求めているのか。

　つきつめて言えば、わたしが英英辞典を使うのは「ケチ」だから。「辞書をひく時間を100％有効に使いたい」という思いが意識の底にあるからでしょう。

　ひとつの単語をひいたときに得られるもの。英和辞典をひいて得られるものと、英英辞典をひいて得られるものを比べたら、**英英辞典をひくときのほうが得られるものは圧倒的に多い**。この「おトク」感に魅せられてしまったわけです。

　例えば bee という単語をひくとしましょうか。

　スマホでも電子辞書でも紙の辞書でもいいですが、「英和」でbee をひけば「ミツバチ」というカタカナ4文字でおしまい。

これが、「英英」ならば

> **bee:** a yèllow-and-blàck strìped flýing ínsect that mákes a swèet fóod (=hóney) and can stíng you ‖ *Bées búzzed in the flówers.* (Collins COBUILD Primary Learner's Dictionary)

（黄色と黒がまじった、シマ模様の、飛ぶ昆虫。甘い食物（＝ハチミツ）をもたらし、刺すこともある ‖ ミツバチがぶんぶんと花々に群がった）

「ミツバチ」の4文字だけパッと見るのに比べれば、15ワードの語釈と5ワードの例文を読むのに時間はかかる。でも、**得られるものも大きい。**

striped「しま模様の、しましまの」。読めばわかるけど自分で使ったことのない単語。a strìped shírt は「しましまのシャツ」、a strìped físh なら「しま模様の魚」だ。使いでがありそうです。

sting「刺す」。これまた、知ってはいても自分で使ったことのない単語。

犬や蚊が bite する（＝噛む）英文は、中学の英語教科書以来、やたらと目にしたし、英作文ネタでも盛んに出てきた。ところが、ハチが sting する英文には、あまり出会った記憶がありません。

sting を英英でひいてみましょうか。

> **sting:** if a plánt, an ánimal or an ínsect stíngs you, a pòinted párt of it is púshed into your skín so that you féel a shàrp páin ‖ *She was stúng by a bée.* (Collins COBUILD Primary Learner's Dictionary)

（植物、動物ないし昆虫が sting すると、その尖（とが）った部分が皮膚に押し込まれて鋭い痛みを感じる ‖ 彼女はミツバチに刺された）

　この sting の語釈に you や your が出てきますが、この you/your は、辞書の使用者たる「あなた」を指さしているわけではなくて、「ごくごく一般的な〈ひと〉」を指しています。「わたしとあなた」の二人称ではなく、**「一般人称」の you** と呼んだりします。日本語ではわざわざ言い立てないので、上の訳文でも you/your にあたる訳語はありません。

　横道にそれました。英英辞典の bee に戻りましょう。

　例文の Bées búzzed in the flówers. この buzz も、知ってはいるけれど自分で使ったことのない単語です。

> **buzz:** to màke a sóund like a bée || *There was a flý búzzing around my héad.* (Collins COBUILD Primary Learner's Dictionary)

（ミツバチのような音をたてる || わたしの頭のまわりでミツバチのような音をたてるハエがいた）

　Bées búzzed in the flówers. という文の buzz の意味を調べたくて buzz をひいたら「ミツバチのような音をたてる」という語釈で bee に戻されてしまった。ちょっと残念。別の英英を見てみましょう。

> **buzz:** to màke a lòw stèady nóise like the sóund that a bée màkes || *The machíne màde a lòud bùzzing nóise.* (Longman Basic English Dictionary)

（ミツバチがたてる音のような、低い持続的なノイズをだす || 機械は耳ざわりな低い持続音を出した［機械はブンブンうるさい音をたてた］）

　a lòw stèady nóise という表現も使いでがありそうです。例えば

Làst níght I was vèry annóyed by the lòw stèady nóise of a mosquíto.

（昨夜は蚊が1匹ずーっと低い音をたてて、えらい迷惑だった）。

　英和辞典で bee の訳語をチョロッと見るだけより、英英辞典の
ページに迷い込むほうが、思わぬ収穫がありそう。これにハマって
英英辞典の魅力から抜け出せなくなるわけです。

英英辞典との出会いは失敗の連続だった

　しかしじつを言えば、わたしの英英辞典との出会いは失敗の連続
でした。
　高校1年生のとき『新英英辞典』（研究社）をワクワクしながら買
ったのが、英英辞典の使い始めでした。ところが、この辞書は致命
的欠陥（後述）があり、けっきょくわたしは当時使いなれた『新英和
中辞典』に戻ってしまいました。
　地方から東京に出てきて大学に入ると、今度こそは洋書の英英で
勝負だ！と、はりきりました。勇んで日本橋の丸善本店に参上して
買ったのが Merriam-Webster's Collegiate Dictionary でした。
collegiate（＝大学生向けの）とあるから、大学1年生の自分向きに
違いないと考えたのが浅はかでした。
　日本ではなく米国の辞書が collegiate というからには、「米国人
ネイティブの大学生向け」ということ。しかも Collegiate を銘打っ
たこの辞書の初版が出たのは120年以上も昔の1898年であり、当
時の college students といえば社会のエリート集団です。当時の
米国人のうち、大学教育を受けた人は人口の2.5％どまりでした。
そのエリート集団向け、トップレベルのネイティブ向けの辞書なの
です。

　そうとは知らずに買ってしまった、うぶなわたし。字が小さいし内容も難しすぎてとても使いこなせず、何度か使ってみただけで本棚の飾りとなり、そのあとどうしたか記憶にありません。この一件で英英辞典にすっかり懲（こ）りてしまい、この「英英辞典トラウマ」にわたしは10年以上もさいなまれます。大学時代のわたしは『現代英和辞典』（研究社）を使いました。

　いま思えば、貴重な大学時代に「おトクな英英」を使わず「一見お手軽な英和」で済ませていたとは、つくづくもったいないことをしました。

　英英辞典というものに一時的ではあれ関心をもったのはよいのですが、適切な英英辞典を選ばなかったゆえの大失敗。**読者の皆さんに、わたしみたいな失敗をしてほしくない。適切な英英を選んでほしい。**そういう思いでこの本を書いています。

研究社『新英英辞典』の致命的欠陥

　わたしが高校生のときに買った『新英英辞典』(研究社) は、1973年に初版が出たあと1986年に増補版も出ているくらいですから、当時はそれなりに売れたのでしょう。Amazon で中古本を手にいれてなつかしく眺めました。さっそく bee と sting を引いてみると

> **bee 1** みつばち : a bée hìve = a béehive / bée's wàx = bées-wax. **2** a bùsy wórker. (以下、略)

> **sting 1** prìck (刺す) the skín and drìve ín póison: I was stúng by a bée.

　「みつばち」「刺す」という日本語が、「英英」である"はず"の辞書に堂々とまぎれこんでいて、この辞書のダメな部分をあっさり示しています。英英辞典の看板を掲げながら、bee の語釈がいきなり「みつばち」とは！　こういう基本語彙をためしに引いてみることから英英辞典入門がスタートするのですが、いきなり英和の世界に引き戻されるのですからガッカリです。

　『新英英辞典』発売のときの新聞広告の売り文句をうろ覚えで再現すれば、こんなふうでした ——

　　water や dog のような基本中の基本語は、英語でいかに詳しく説明したところで、まぎれもなく「水」や「犬」であることをピタリと定義することは不可能である。かえって学習者をいたずらに混乱させることになりかねない。そこで思い切ってこの辞書では、このような基本語については、学習者が読んでも無意味な語釈に紙面を浪費することなく、あっさり「水」「犬」のように和訳を掲げることとした。

　　——　情けなや！　研究社編集部が起用した先生がたは、英英辞典
というのは「英語で書かれた語釈を読んで和訳を思いつくための
本」という考えだったのに違いありません。ないしは、売らんかな
主義の営業部が「日本語まじりのほうが親しみを持ってもらえて売
れるはず」とゴリ押ししたのかもしれません。
　**英英辞典の語釈に出てくるさまざまな単語を通じて、関連語彙の
ネットワークを作っていく** —— これが英英を使う醍醐味なのです
が。

　sting の語釈で prìck（刺す）the skín and drìve ín póison とある
のも興ざめです。prick という単語をわざわざ和訳つきで使うくら
いなら、もうひと工夫してくださいよ！と当時の研究社編集部のと
ころに時間旅行して叱咤（しった）したい気分です。ためしに同じ辞書
で prick をひいてみると pìerce slíghtly with a shàrp póint とあり
ます。それなら sting の語釈は、せめて pìerce the skín with a
shàrp pòisonous póint とでもすればよかった。（これに比べれば、
前掲のコリンズ・コウビルド英英の sting の語釈（☞ p.135）がいかに優
れていることか！）

　ちなみに、語釈にある drìve ín póison がわかりにくいかも。こ
れは「poison の中で drive する」ではなくて、「poison を in の方
向に drive する＝ poison を注入する」ということ。この in は前置
詞ではなくて、「内部へ」という意味の副詞。だからこの in は強く
読まれます。

　学習用英英辞典の醍醐味は、豊富な用例・例文です。英和辞典は
用例・例文を載せるとき和訳もいちいち書くので、スペースの関係
上、用例・例文がおのずと限られる。英英は、和訳を書かずに済む
分だけ、用例・例文を充実させられるはずです。ところがこの強み
を『新英英辞典』は生かすどころか、a bee hive ＝ a beehive /
bee's wax ＝ bees-wax みたいな、どーでもいい記述にスペースを
浪費しつつ、気のきいた用例・例文に乏しい。むしろそれまで使っ

ていた『新英和中辞典』のほうがよほど用例・例文が多くてためになった。

　とどめを刺したのが、高校の同級生のひとことでした。学校で『新英英辞典』をひいていたら、クロダくん（仮名）がなぜかのぞき込んできて、

　「ほー、泉が英英辞典いうのを使いよるが。ちょっと見してや。……何じゃ、日本語が混ざっとるが。いんちき辞書じゃのぉ。泉が、いんちき辞書を使いよらい」。

　いま思い返せば、クロダくんの罵詈雑言（ばりぞうごん）は小学生レベルですが、泉少年はすっかり傷つき、英英をほうりだす決定打になったのでありました。

大学1年生の再度の挫折の理由

　一度へこんだものの大学入学で心機一転。日本橋の丸善本店の洋書売場で当時おすすめの英英が *Merriam-Webster's Collegiate Dictionary* でした。買ってはみたものの、まったく使いこなせなかったことは、先ほど書いたとおり。

　当時のトラウマをかなぐり捨てて、おととし44年ぶりにこの辞書の新版を買ってみたら圧倒的情報量の便利さが気に入りました。わたしの英語の実力がようやくこの辞書に追いついていたわけですが、大学1年の泉青年が即ギヴアップした理由もよくわかりました。

　ためしに bee をひいてみましょう。

> **bee:** ány of nùmerous hỳmenópterous ínsects (súper-fàmily Apóidea) that díffer from the reláted wásps esp. in the héavier háirier bòdy and in hàving súcking as well as chéwing móuthparts, that fèed on póllen and néctar, and that stòre bóth and óften also hóney

（さまざまな膜翅目（まくし）（ミツバチ上科（じょうか））の昆虫のいずれかを指す。類縁のスズメバチとの違いはとくに、スズメバチに比べてからだに重量があり毛深いことと、吸ったり噛み砕いたりする口器（こう）があることであり、この口器により花粉や花の蜜を常食し、花粉と花の蜜および多くの場合ハチミツをも蓄える）

　あまりに難しすぎて、爆死！

　ちなみに、和訳をご覧になって「花の蜜」と「ハチミツ」はどこが違うのだ？と疑問に思われたかたもあるでしょう。花が分泌する甘い汁は nectar であり、それをミツバチが体内で凝縮させてできたのが honey なのであります。

　もうひとつ、辞書を手にしたら試しに引きそうな単語といえば dog です。語釈を見てみましょう。

> **dog:** 1 a: CÁNID; esp: a hìghly vàriable domèstic mámmal (*Cánis familiáris*) clósely reláted to the gràry wólf

（1 a: イヌ科の動物。とくに、ハイイロオオカミと近縁で、高度に分化し家畜化した哺乳類（学名 *Canis familiaris*）を指す）

　これが語釈の1 a ですが、この調子で語釈は10まで続いています。
　いきなり CANID とあるのにズッコケます。このようにスモールキャピタル（小サイズの大文字）で綴られた単語は、Merriam-Webster 社の辞書では、見出し語と「即座に入れ替え可能な同義語」を意味します。dog とは canid「イヌ科の動物の総称」であるぞよ、というわけですが、ちょっとついていけませんね。
　dog にいきなり canid という語釈を加えるのは、世界広しといえども、おそらく *Merriam-Webster's Collegiate Dictionary* だけでしょう。この本の読者の皆さんが気落ちしないよう、ふつうの英英辞典の dog 語釈をもう一度ご紹介しておきます。

> **dog:** an ánimal that is sòmetimes képt by péople as a pét, or úsed to guàrd buíldings || *He was wálking his dóg.* (Collins COBUILD Primary Learner's Dictionary)

（人間によってペットとして飼われたり、建物を見張るのに使われたりすることもある動物 || 彼は飼い犬を散歩させているところだった）

　かつて研究社『新英英辞典』の編者らは、dog のために語釈を書くことを放棄したわけですが、ご覧ください！　やさしい単語だけを使って、まぎれもなく「犬」をあらわす説明文が綴れる。犬以外で「ペットとして飼われたり、建物を見張るのに使われたりする」動物は、いまのところいないはずです。
　Merriam-Webster 社から出ている辞書でも、普及版やネイティブの子供向け、非ネイティブ学習者向けの英英は、もっとわかりやすい英語で書かれています。

dog: a flésh-èating domèstic mámmal reláted to the wólves（*The Merriam-Webster Dictionary; Merriam-Webster's Dictionary and Thesaurus*）

（肉食で、オオカミと類縁の、家畜化した哺乳類）

dog: a domèstic ánimal that èats méat and is clósely reláted to the wólves（*Merriam-Webster's Elementary Dictionary*）

（肉を食べ、オオカミと近い関係にある家畜）

dog: a tỳpe of ánimal that is òften képt as a pét or tráined to wòrk for péople by guàrding buíldings, húnting, etc.（*Merriam-Webster's Advanced Learner's English Dictionary*）

（動物の一種で、しばしばペットとして飼われたり、建物を見張ったり狩りをしたりすることで人間のために働くよう訓練されたりするもの）

開拓社『新英英大辞典』という名著があった

　わたしの大学生時代は反骨のかたまり。英語はそこそこにして、ロシア語や韓国語（朝鮮語）に熱中し、国際語エスペラントにのめり込みました。

　わたしがもっと素直に語学の正道を歩んでいたなら、当時まだ日本じゅうの主な書店の棚にあった『新英英大辞典』（開拓社刊）という名のコンパクトな名著に学習の指針を見出していたことでしょう。これを一度も手にとらなかった大学生の自分が情けないです。

　本書を執筆しながら、いまごろになってこの英英を手にいれ、その内容と由来に感銘を受けました。どんな英英だったか、実際に単語をひいてみましょう。

> **dog:** a còmmon domèstic ánimal, a friénd of mán, of whìch there are màny varíeties. The dòg shówn in the pícture is a *térrier*.

（ありふれた家畜にして、人間の友。多くの品種あり。挿絵の犬はテリアである）

わが家にも当年19歳の老いたる愛犬がいて、この a friend of man という記述にグッときました。語釈にあるとおり、この辞書ではテリア種の犬の挿絵が添えられています。

> **bee:** a smàll, flỳing ínsect which gàthers hóney from flówers. Bées lìve togéther in *híves*. (Sèe the pícture at *béehive. Cf. hóneycomb.*)

（小さな飛ぶ虫で、花々から蜜を集める。bee たちは hive に集まり居つく。beehive の項に挿絵あり。honeycomb を参照のこと）

語釈にあるとおり、隣のページの beehive の項に、ミツバチの巣箱の挿絵があります。bee をひいた学習者に hive, beehive, honeycomb の項も参照させるよう導く親心に感服します。辞書・事典は単一項目の記述で終わるものではなく、**関連項目をあちこち参照することで学びを深める**ところに醍醐味がある。cross-reference することを自然なかたちで学習者に教える姿勢は、辞書編者の鑑（かがみ）というべきです。

『新英英大辞典』の英語名は *Idiomatic and Syntactic English Dictionary*。訳せば「連語・構文重視の英語辞典」です。

idiomatic and syntactic —— その心は？　get の項に idiom のひとつとして掲載されている句動詞 get along をみると、よくわかります。

gèt alóng (P 23)　(1) mánage. *We can't gèt alóng without móney.* (2) màke prógress. *Hów are you gètting alóng?* (= Hòw áre you?　Hòw are thíngs with you?) *Hów are you gètting alóng with your Énglish stùdies?* (= Whát prógress are you máking?)　(3) agrée; be fríendly. *They get alòng quíte wéll.*　(4) (colloq., chiefly imper.) *Get alóng [awáy] with you!* (= Go awáy!　Don't àsk me to belíeve that!　Nónsense!)

　句動詞 get along の説明のために 5 つの例文を繰り出し、そのうち 3 つにはさらに英語による言い換えが添えられています。idiom を重視する姿勢が見てとれます。（最後の Get along [away] with you! は、Get along with you! ないし Get away with you! ということ。また colloq., chiefly imper. は collóquial, chìefly impérative「口語表現、おもに命令形で」）

　冒頭の "P 23" は「verb pattern（動詞型）のうちの 23 番目」ということ。この辞書では動詞がうむ構文のかたち（syntax）を P 1 から P 25 まで番号をつけて分類していて、P 23 は「主語＋動詞＋副詞的付加語」。句動詞 get along は P 23 にあたるのだ、というわけです。

　じつはこの辞書、なんと**世界で初めての「非ネイティブの英語学習者のための英英辞典」**。日本の**文部省**の外郭団体が**1937 年に 3 人の英国人学者に編纂**（さん）を依頼し、1942 年つまり**真珠湾攻撃の翌年に、日本で出版**されました。歴史には信じられないような局面があるものです。

　編纂の中心となったのは A.S. Hornby 氏（1898-1978）。1924 年に来日して以来、日本での英語教育に携わり、大戦勃発にともない 1942 年に離日します。

戦後になって、オックスフォード大学出版局が *Idiomatic and Syntactic English Dictionary* の版権を日本から取得し、そのままの内容で *A Learner's Dictionary of Current English* と銘打ち、1948年に英国で出版します。そして1963年に大幅増補の改訂第2版が *The Advanced Learner's Dictionary of Current English, Second Edition* として出され、現在は2020年刊の第10版が最新です。学習英英辞典の決定版 *Oxford Advanced Learner's Dictionary of Current English* です。日本製の電子辞書にほぼ必ず収録されている学習英英辞典の源流が、1942年の日本だったとは!

いっぽう日本では1942年刊の *Idiomatic and Syntactic English Dictionary* が、半世紀以上も内容を改めることなく『新英英大辞典』と銘打って長らく開拓社から出版されつづけました。わたしが最近手にいれたものは1997年刊の「新装版第23刷」ですが、内容が1942年のままなので、antibiotic も computer も video もない。atomic の用例は atomic weight(原子量)のみで、atomic bomb はない。jet に「ジェット機」の語義はなく「噴出、噴出口」という昔ながらの語義だけ。さすがに今では絶版となっています。

コリンズ・コウビルド英英辞典に出会う

さて、わたしの現実に戻ります。

大学を終えて総合商社に就職したところで、今度こそ英英に目覚めたかというと、さにあらず。大学1年生のときの *Merriam-Webster's Collegiate Dictionary* のトラウマが、しつこく尾をひいていました。職場で使いはじめた英語の辞書は、研究社『リーダーズ英和辞典』でした。

商社であてがわれた仕事は、発電設備の中国向け輸出。中国からの来日視察団を案内してまわるため、やおらロシア語から中国語にシフトします。(じつは中国語も、中学2年生のときから NHK ラジオ

第2と北京放送の中国語講座で独習していたので、語彙力不足ながら発音は自信がありました）

　1987年に晴れて北京駐在員になったものの、1989年の「天安門事件」後に中国ビジネスは落ち込み、任期短縮で東京に帰任するハメに。高田馬場界隈を歩いていると、本屋に大判の英英辞典が平積みになっています。「いままでになかった画期的な英英辞典」という触れ込みつきです。

　イラストや写真が満載か？　いや、そうではないようです。何が「画期的」なんだろう。

　この辞書の特徴がいちばんよくあらわれるのは、動詞の説明のしかた。love を引いてみましょう。

> **love:** 1. If you **lóve** sòmeone, you féel romántically or séxually attrácted to them, and they are vèry impórtant to you. || Òh, Ámy, I lóve you. | We lóve each other. We wánt to spènd our líves togéther.

　（1. 誰かを love しているというのは、その誰かに恋愛感情的ないし性的に惹かれ、その誰かのことをとても大切に思うこと。|| あぁ、エイミー、大好きさ。| わたしたちは愛し合っている。生涯をともに過ごしたいと思っている）

　見出し語の語釈は単純に「見出し語に対する言い換え表現の提示」であるのがふつうです。ところがこの辞書では love という動詞の語釈を「もし you が誰かを love しているとすれば……」と切り出します。love という語を文のなかで使ってみることから始めて、語りを通じて単語の意味を知ってもらおうとする。

　辞書の編者が読者に語りかけてくる、その距離感がおどろくほど近い。まるで教室にすわってネイティブの先生から単語の意味の説

明を受けているみたいです。

こんどは like を引いてみましょう。

> **like:** 1. If you **lìke** sómething or sómeone, you thínk they are ínteresting, enjóyable, or attráctive. || He lìkes báse-ball. | I càn't thìnk whý Gráce doesn't líke me. | Whát músic do you lìke bést? (例文はあと4つあるが、省略します)

（1. 何かまたは誰かを like しているというのは、その何かまたは誰かが interesting だな、enjoyable だな、あるいは attractive だなと考えること。|| 彼は野球が好きだ。| なぜグレースがぼくに不満なのか思いつかない。| 何の音楽がいちばんいいですか）

同じ like でも「〜のような」を意味する like は、どんな語釈でしょうか。

> **like:** 1. If you sày that óne pérson or thíng is **like** anóther, you mèan that the twó péople or thíngs are símilar or shàre sóme of the sáme quálities, féatures, or charac-terístics. || He lóoks like Fáther Chrístmas. | Káthy is a grèat máte, wè are like sísters. (例文はあと4つあるが、省略します)

（1. ある人ないし物が別の人・物と like であると言う場合、そこで言おうとしているのは、この二者が似ている、あるいはともに同じ特質・特徴・特性をもっているということ。|| 彼はサンタクロースみたいに見える。| キャシーとはすごく仲がよくて、きょうだいみたいだ）

かなり長々しい説明になっていますが、編者が語りかけてくれる仕組みは同じです。

　まさに画期的な辞書と言えます。この *English Dictionary* は第1版が出たのが1987年。その後、用例を大幅に入れ替えた第2版が1995年に出ました。

　北京帰りのわたしは、1989年に高田馬場駅前の書店でこの辞書に接して即、購入。ついに14年に及ぶ「英英辞典へのトラウマ」から解放されます。（偉大なる恩恵を与えてくれたこの第1版は、書庫の奥にしまい込み行方知れず。本書での引用は手元の第2版からの転記です）

　この辞書の語釈がいかに「画期的」か。わたしのトラウマとなったふたつの英英辞典と比べてみるとわかります。

　まずは『新英英辞典』（研究社、1973年刊）です。（用例は省略します）

> **love:** hàve a tènder or pàssionate afféction for (a pérson of the òpposite séx)
>
> **like:** tàke pléasure in;　hàve a táste for;　be fónd of;　en-jóy
>
> **like:** hàving the sáme or sìmilar quálities, cháracter, appéarance, etc.; resémbling

（love：思いやりに満ち、あるいは熱烈な思いを（異性に対して）いだく）
（like：〜に楽しみを得る；〜への好みをもつ；〜が好きだ；〜を楽しむ）
（like：同一もしくは類似の特質・特徴・外形などを有する；似通った）

昔ながらの、言い換え表現を提示するパターンでしたね。
Merriam-Webster's Collegiate Dictionary も見ておきましょう。

> **love:** to fèel a lóver's pássion, devótion, or ténderness for　（【著者注】love の定義のなかに lover を使うのは反則では？）

> **like:** to fèel attráction toward or tàke pléasure in
>
> **like:** the sáme or nèarly the sáme (as in appéarance, cháracter, or quántity)

（love：〜に対して、愛する人間としての熱情、愛着、慈しみを感じる）

（like：〜に対して魅力を感じる、〜に楽しみを得る）

（like：（例えば外見、特徴、数量などが）同じないしほとんど同じの）

【注】語釈のなかの **as** in appearance... の as は for example の意味です。

これもオーソドックスに、言い換え表現の提示でした。

繰り返しになりますが、これらの語釈のしかたが決して「悪い」わけではなく、従来からの「ふつう」であって、あくまで *Collins COBUILD English Dictionary* のほうが極めて画期的なのです。

というわけで、1989年に *Collins COBUILD* に出会ったおかげでわたしは、めでたく「英和」から「英英」へとシフトしたのでした。チャン♪ チャン!!

……とこの章を終えられれば、めでたし、めでたし。ですが、そうは問屋が卸しませんでした。

「英語言い換え」絵本の日本語版も奮戦

　p.132でご紹介した *Thíng Explàiner: Còmplicated Stúff in Sìmple Wórds* には、おどろきの和訳本がある。『ホワット・イズ・ディス？　むずかしいことをシンプルに言ってみた』（ランドール・マンロー著、吉田三知世訳、早川書房、2016年刊）である。

　英語の原本は基礎単語1,000に語彙をしぼって書いてある。翻訳版でも同様の語彙制限をかけてほしいと著者から要請があったが、残念ながら日本語は固有語（やまとことば）が造語力に乏しい。英語では blóod pùsher も smàll fóod hàllway もサマになるが、日本語で「血推出（ちおしだし）」「飯小径（めしこみち）」などと表現したら読者がそっぽを向く。訳者も出版社も大いに悩んだ。

　日本語版の訳者あとがきに曰く「出版社の早川書房からのご提案で、小学6年生までに習う漢字だけを使って訳すことにした。漢字を制限するだけでも、ある程度やさしい表現を取らざるを得なくなる」。かくして日本語版では blóod pùsher は「血液をおすマシン」、smàll fóod hàllway は「食べ物が通る細い通路」と訳されている。

　いささか拍子抜けだが、原著の趣旨は生きている。「心臓」「小腸」といった用語を見て「わかった」つもりになるのではなく、それぞれのモノの働きそのものに光をあててみれば世界の見えかたも変わるよね、というのが著者ランドール・マンロー氏の思いだからだ。

【p.132のクイズの解答】

1. blóod clèaner: kídney（腎臓）　2. párt brèaker: líver（肝臓）
3. yéllow water hòlder: bládder（膀胱）　4. móuth water màker: sàlivary glánds（唾液腺）　5. úsed food hòlder: réctum（直腸）

第 **8** 章

わたしが英英辞典トラウマを
脱するまで（下）

◢ *Introduction*

わたしの英英辞典トラウマは、まだまだ続きます。

せっかくコリンズ・コウビルド英英に出会ったものの、求める
語釈にたどりつくのがあまりに面倒だった。もうひと工夫あれ
ばなぁ。

そして出会ったのが、ロングマン上級英英の第3版でした。

用例データベースがくりだす魅力的な用例に満ち、じょうずな
工夫により語義も引きやすい英英辞典。

この英英にたどりつくまでを語らせてください。

コリンズ・コウビルド英英辞典に感じた不満

　こうして過去を思い返すと、ああだ、こうだと文句ばかり言う自分が恥ずかしくもなりますが、Collins COBUILD English Dictionary の語釈は「語りかけて」くれる分どうしても長ったらしくなるし、語義の羅列の仕方に独特のこだわりがありすぎて、求める語義にたどりつくのにえらく時間がかかることがあるのです。

　love の語釈をあらためて見てみましょう。先ほど見たのは「恋する、恋愛感情をいだく」という第1の語義でした。動詞でしたね。便宜のため、もういちど転記しておきます。

> **love: 1. If you lóve sòmeone, you féel romántically or séxually attrácted to them, and they are vèry impórtant to you. ||** Òh, Ámy, I lóve you. | We lóve each other. We wánt to spènd our líves togéther.

では第2の語義は何と書いてあるでしょう。

> **love: 2. Lóve is a vèry stròng féeling of afféction towards sòmeone who you are romántically or séxually attrácted to. ||** （用例2つ省略）| an álbum of lóve sòngs.

（2. love とは、恋愛感情的ないし性的に惹かれている誰かに対する愛情を極めて強く感じること。|| ラブソングのアルバム）

　第2の語義は「恋、恋愛感情」。名詞です。第1の語義は「恋する」という動詞でしたが、第2の語義はその名詞形と言えます。

> **love:** 3. You sày that you **lóve** sòmeone when their háp-
> piness is vèry impórtant to you, so that you beháve in a
> kínd and cáring wày towards them. || *You'll néver lóve
> ányone the wày you lòve your báby.*

（3. 誰かを love していると言うとき、その誰かが幸せであることが
自分にとってとても大事であり、それゆえその誰かに対して心優し
く思いやりのあるふるまいをする。|| 自分の赤ん坊をいとおしむほ
どに誰かに愛情を注ぐことはない［自分の赤ん坊への愛は誰に対して
よりも深い］）

　第3の語義は、より広く深い意味で「愛する、いつくしむ」。動
詞です。すてきな語釈、そしてジーンとくる例文です。
　それでは第4の語義は？　第3の語義の名詞形です。

> **love:** 4. **Lóve** is the féeling that a pèrson's háppiness is
> vèry impórtant to you, and the wáy you shòw this féeling
> in your beháviour towards them. || *My lóve for áll my
> chíldren is uncondítional.*

（4. love とは、ある人が幸せであることがとても大事に感じられ、
その人へのふるまいにこの気持ちがあらわれること。|| うちの子供
たち皆への愛は、掛け値なしだ）

　love に unconditional という形容詞をあてがってくれたこの辞
書のセンスに脱帽です。すっかりこの辞書が好きになってしまいま
した。I lóve this díctionary! と心が叫ぶ……
　おっと、I love this dictionary! と心は叫べど、この love は第1
から第4までの語義にはあてはまらない。
　第1〜第4の love は someone ないし a person に対する love で

した。this dictionary すなわち something ないし a thing に対する love は、第5・第6・第7の語義となります。第5・第6が動詞で、第7がその名詞形。

> **love:** 5. If you **lóve** sòmething, you líke it vèry múch. ||
> *We lóved the fóod só múch, espécially the físh dìshes.*
> （用例あと3つ省略）

（5. 何かを love しているというのは、その何かがとても気に入っていること。|| 食べものは最高だった。とくに魚料理の数々が絶品）

> **love:** 6. You can sày that you **lóve** sòmething when you consíder that it is impórtant and wánt to protéct or suppórt it. || *I lóve my cóuntry as you lòve yóurs.*

（6. 何かを大切だと思い、まもり支えたいと思うとき、その何かを love していると言ってよい。|| あなた同様、わたしも自分の国のことを大事に思う）

> **love:** 7. **Lóve** is a stròng líking for sòmething, or a belíef that it is impórtant. || *This is nó wáy to encòurage a lóve of líterature.* （用例あと1つ省略）

（7. love とは何かに対する強い嗜好、ないしは何かが重要であると強く思うこと。|| こんなやりかたで文学への愛が培われることはない）

　I love this dictionary! とわたしの心が叫んだとき、その love は5番なのか6番なのか。うーん、5番でもあり、6番でもあり……。
　親が自分の娘や息子を love するときは、3番の語義です。間違って1番のほうの love に陥ってしまうと、you fèel romántically or séxually attrácted to your són or dáughter ということですから、子離れができない困った親御さん、あるいはヘタをするとかな

りヤバい世界になってしまう。1番の語義と3番の語義を分けるのは、そういう意味でこの2つが異なる感情だからでしょう。

　……などと、love という1語だけでも色々と考えさせてくれるいい辞書なのですが、けっきょくわたしはこの英英辞典を職場で使うことにはなりませんでした。

　すばらしい英英辞典には違いないけれど、例えば「ものごとをlove する」6番目の語義にたどり着くために、延々と、例文を含めれば20行以上も、ざっと目を通さなければならない。味わいのある辞書ではあるけれど、日常使いをするのには、いささかなじまない。

　語義配列のなかで動詞とその名詞形が交互に混在するのも問題です。辞書編纂者の意図は痛いほどわかるけれど、けっきょく使いづらい。通常の英語辞典は、動詞の love と名詞の love をそもそも大きく別見出しで立てます。そのほうが使いやすい。

　残念ながら *Collins COBUILD English Dictionary* は、書棚の飾りになってしまいました。

決定版の英英辞典に出会った1995年

大きな転換点となったのが1995年でした。

この年にわたしは2つの英英辞典に相次いで出会い、この2冊を職場の机の右と左に置いて愛用するようになります。以来、2023年の今日に至るまで、「まず手にとるのは英英辞典」という生活を続けていますから、これはもう大々的な転換点でした。

何が特別だったのでしょう。1995年にホレた2冊を改めて手にとってみて、その理由がわかりました。

イキイキとした例文に、さっと巡り合える便利さです。

シャレた例文が次々と繰り出されるのを読むのが楽しい。これが、わたしを英和から英英に引きずり込んだ決定打でした。

1995年にホレた1冊目の英英は *Longman Dictionary of Contemporary English* の第3版（1995年刊）。さっそく love をひいてみましょう。動詞の love のところに出ている例文から拾ってみます。便宜上、各例文に番号をふっておきます。

① I lóve you, réally. Do yòu lòve mé?
　（きみが好きだよ、まじで。きみはどうなの？）

② He was the ónly mán she had éver lóved.
　（彼はこれまでただひとり、彼女が愛した男だった）

辞書にありがちな、とりすました感じとは一線を画(かく)して、のっけからドラマが立ち上がってきます。

③ Chíldren néed to fèel lóved.
　（子供は自分が愛してもらっていると感じることなしには生きていけない）

④ Máx fòund that he réally lòved téaching.
（マックスは、自分は教職が天職だと悟った）

③の feel loved「愛されていると実感する」── すてきな英語ですね。④の loved teaching にも「教えることが大好き」ではなく「教職が天職」という日本語をあてたくなる。いきのいい英文です。

⑤ She lóves ánything to dò with fígures.
（彼女は数字ならお手のものだ）

⑥ I'd lóve to knòw júst whý they díd that.
（やつらときたら、いったいなんでそんなことをしたのかね）

⑤の ánything to dò with fígures という英語表現は、簡単そうでなかなか思いつかない言い方。「彼女は数字に関連していることなら何でも好きだ」。わたしなどは éverything relàted to fígures という英語しか思いつけません。
⑥は、素っ気なく書くなら I'd líke to knòw whý they díd that.です。この like を love に入れ替え、why 節の前に just を持ってきたことで、英語がイキイキしてきます。

⑦ Lísten gùys, you're going to lóve this.
（まぁ聞けよ、ケッサクなんだよ、これが）

⑧ "Hénry was tèlling the próf áll about relatívity."
"I lóve it! I lóve it!"
（「ヘンリーときたら、教授相手に相対性理論の講釈をしたんだ」「それって、見ものだね」）

この I love it! については、例文の前にこんな解説があります。

> **I lóve it!** *spoken* úsed when you are amúsed by sóme-thing, espécially by sòmeone élse's mistáke or bàd lúck

（口語表現で、何かをおもしろがっているとき使う。とくに、誰かほかの人の失敗や不運が笑えるときに使う）

この英英辞典、何かが違うぞ、たのしい！と、読んでいて血が騒いできました。

この辞書の第一の売りは「しゃべり英語」の重視という点でした。背表紙に麗々しく書かれた売り文句の最初にこうあります：

> **NEW　Spòken Énglish**
> The ónly díctionary to récognize the impórtance of spòken Énglish, shòwing the wórds and phráses úsed to commúnicate náturally in spòken Énglish.

（新機軸　会話体の英語

これまでになく、会話体の英語をきわめて重視した辞書です。会話体の英語で使われる単語や言い回しの自然なかたちを示します）

1995年当時に一流出版社のロングマン社が自ら the ónly díctionary と踏み込んだ表現をしているくらいですから、「しゃべり英語」への力の入れ方は相当なものです。

なぜそういう流れになったのか。なぜそれができたのか。

用例データベース（コーパス）が活用されはじめた

　辞書の編纂作業は伝統的に、膨大な用例を本や新聞・雑誌から手作業で拾って紙のカードに記入したデータベースをもとに行われていました。1980年代に入って、この用例データベース（コーパス corpus）が本格的にコンピューター化され、用例収集も自動化されていきます。

　さきに挙げた *Collins COBUILD English Dictionary* も、まさに「コーパスを存分に利用して作ったはじめての辞書」が、うたい文句。書名のCOBUILDはCollins Birmingham University International Language Database（コリンズ・バーミンガム大学国際言語データベース）の略語です。英国の大手出版社であるコリンズ社の出資により1980年にバーミンガム大学に設けられた用例データベースで、これをもとに1987年に *Collins COBUILD English Dictionary* 第1版が世に出ました。1987年の第1版の時点でコーパスの規模は2,000万語。1995年の第2版ではコーパス規模は10倍の2億語となりその結果、用例も一新されました。

　1995年の *Longman Dictionary of Contemporary English* 第3版も、合計1億3,500万語から成る3つのコーパスを使った辞書であることを売りにしました。

　用例収集がコンピューター化されることにより、これまで手作業ではデータ化されにくかった「会話体」の英語が辞書編者の目の前に、がぜん立ち現れることとなります。そのときのゾクゾク感を存分に反映したのが *Longman Dictionary of Contemporary English* 第3版だったと言えるでしょう。

　第3版の「しゃべり英語」偏重は、2003年の第4版で軌道修正され、多くの例文が（わたしから言わせると）凡庸なものに差し替えられます。上掲の①〜⑧の例文のうち生き残ったのは②と⑥と⑦だけでした。一級の映画の一場面のような例文⑧は、いかにもありそう

な感じの⑨に差し替えられました。

⑨ "And thén her bóyfriend wàlked ín and sàw her kíssing Ráy."
"I lóve it!"
（「で、そのとき彼氏が部屋に入ると、彼女がレイとキスしてる瞬間を見ちゃったってわけ」「それって、見ものだね」）

ロングマン社としては「第3版はちょっと遊びすぎた」という評価なのでしょうか。軌道修正した第4版の例文が基本的に現在の第6版まで踏襲されています。しかしわたしは第3版のほうが好きです。今回こうして読み比べをしてみて、書庫から運び戻した第3版がたいへんなお宝ものであることに気づき、あわてて本棚のいい位置に置くことにしました！

ケンブリッジ大学からも良い辞書が

「例文力」で圧倒するもうひとつの辞書は、同じく1995年刊の ***Cambridge International Dictionary of English*** でした。

辞書界に君臨するオックスフォードの牙城の一角を切り崩すべく、1億語のケンブリッジ大学コーパスをもとに編纂された、というのが1995年刊の第1版の売りでした。

1995年はまさに出版各社が「コーパスに基づいた英英辞典」を競い合った当たり年だったのですね。目の前に突然ぶちまけられたオモチャの山のような例文データベースから良質の例文を嬉々として選りすぐった編者たちの熱気が、各社の辞書のページに立ちのぼります。おかげで、英英トラウマにとらわれていたわたしも**ついに**、英和から英英へ宗旨替えできました。

Cambridge International Dictionary of English ではどんな用例

が掲載されたか、またまた動詞の love の例文から拾ってみましょう。

⑩ "I lóve you and wànt to márry you, Èmily," he sáid.
（「きみが好きだ。結婚したいんだ、エミリー」と彼は言った）

⑪ After fórty yèars of márriage, they stíll lóve each other júst as múch as they álways did.
（結婚生活40年を経て、ふたりはこれまでずっとそうだったように変わることなく愛しあっている）

⑫ As a chíld she had fèlt véry lóved and protécted.
（子供時代には愛に包まれている自分を実感していた彼女だった）

たかが辞書の例文ではありますが、⑩で恋をして結婚したふたりが ⑪で美しい老境を迎え、さらに⑫では愛に包まれた孫娘のことを語っていると読めば、大河小説の縮図になっていませんか。

⑬ I would lòve a cúp of téa if you're máking one.
（ご相伴にあずかれるなら、紅茶がいいですね）

⑭ She would déarly lòve to stárt her ówn búsiness.
（彼女は起業を切望している）

⑮ Lóve it or háte it, sátellite TV is hère to stáy.
（好き嫌いはどうあれ、衛星放送は定着している）

ロングマンの例文がしゃべり英語で躍動しているのに比べて、ケンブリッジの例文はいかにも英国ふうをただよわせて、ちょっとおしゃれ。⑬には紅茶が登場し、⑭ She would déarly lòve to... の dearly にもクラシックな気品を感じます。ありきたりな言い方な

ら She would réally líke to... です。⑮ Lóve it or háte it, ... は、非ネイティブ向けの教科書英語なら Whether you líke it or nót, ... あたりでしょうか。

⑯ "Lóve mèans néver having to sày you're sórry" (Érich Ségal in *Lóve Stòry*)

（「愛が意味するのは "残念だ" と言う必要はけっしてないということだ → 愛があれば過去をくやむ必要などない」（エリック・シーガル『ある愛の詩 (うた)』より））

こちらは名詞の love の項にあるものです。*Lóve Stòry* は1970年作品。日本で『ある愛の詩』として1971年に公開されたとき、この一節は「愛とは決して後悔しないこと」と訳され、広告コピーとして大々的に使われました。こういう歴史的な名文句を用例に交えているのもケンブリッジ英英の特徴でした。だから be をひけば、ハムレットの「生きるべきか死ぬべきか」や聖書創世記の「光あれ」のくだりも載せてありました。

ケンブリッジのこの辞書は第2版以降、残念ながら用例が大幅に削減されて「ふつうの辞書」になってしまいました。ちなみに、⑩から⑯のうち現在の第4版（改名して *Cambridge Advanced Learner's Dictionary*）に生き残ったのは⑬と⑭のみ。そういう点は残念ですが、第4版も読みやすくてためになる上級学習英英辞典として面目を保っています。

💬 「引きやすさ」が大幅に改善された

コーパス（用例データベース）を活用できるようになってウキウキしている編者たちの熱気。そのおかげでついに英英辞典の世界へ完全に引き込まれたわたしですが、さて皆さん、覚えておいででしょ

うか、その6年前の1989年にわたしが *Collins COBUILD English Dictionary* の引きづらさに降参したことを (☞ p.157)。求める語義にたどり着くのにえらく時間がかかることがあり、使うのをやめてしまいました。

Longman Dictionary of Contemporary English 第3版は、この点もうまく解決してくれました。背表紙の宣伝文句にこうあります。

> **NEW Èasy áccess**
> "Sígnposts" and ménus in lònger éntries guìde you stráight to the méaning you wánt, quíckly.

（新機軸　めざす語義に簡単にアクセス
記述が長めの見出し語には、語釈のなかに「道しるべ」や語義まとめ欄を設けたので、探す語義にすばやくたどりつけます）

語釈の signpost はじつに画期的で、その後は他社の辞書も相次いで真似をします。さて、いったいどういうものなのか。

またまた love でご説明しましょう。

ロングマン第3版の語釈はこんなふうに始まります。

> 1 ▶ROMÀNTIC ATTRÁCTION◀ to hàve a stróng féeling of cáring for and líking sòmeone, combíned with séxual attráction

（1 ▶恋愛◀ だれかを思いやり好きだと思い、また、性的にひかれることとも結びついた、強い感情をもつ）

このあとに p.158の①と②の例文が続くわけです。

語釈1の冒頭にいきなりドーンと大文字で▶ROMÀNTIC AT-TRÁCTION◀ と掲げてあるのが signpost です。

　例えば、The óld màn lóves the lìttle gírl.（老人は幼い少女をだい
じに思っている）という文の love の語釈を探すとき、この signpost
があれば、ひと目で語義1を素通りして次の語義へ行けます。老人
が幼い少女にいだく love はふつう romantic attraction ではないか
らです。

　signpost がないとどうなるか。語釈を延々と to hàve a stróng
féeling of cáring for and líking sòmeone, combíned with のとこ
ろまで延々と読まされたところで sèxual attráction にブチあたっ
て「あ、これじゃないや！」ということになるのです。

　signpost の時間短縮効果は絶大です。

　では語義2はどうなっているでしょう。

> **2 ▶CÁRE ABOUT◀** to càre véry múch about sòmeone,
> espécially a mémber of your fámily or a clòse friénd

　（2 ▶思いやる◀ だれかを、とくに家族や親友などを、深く思いやる）

　このあとに p.158の③の例文などが続きます。The óld màn
lóves the lìttle gírl. の love はこれかなと、▶CÁRE ABOUT◀を
見ただけで目星がつきます。

　語義3を見てみましょう。

> **3 ▶LÍKE/ENJÓY◀** to lìke sómething vèry múch or enjóy
> doing sómething vèry múch

　（3 ▶好む/楽しむ◀ なにかをとても好んだり、なにかをすることを
　とても楽しんだりする）

　このあとに p.159の④〜⑥の例文などが続きます。

I lòve músic, espécially jázz. という文の love は、この語義3になるわけです。signpost があるおかげで、▶ROMANTIC ATTRACTION◀ と ▶CARE ABOUT◀ をサラッと素通りして、▶LIKE/ENJOY◀ に秒速でたどりつけます。

わたしがロングマン第3版を職場の机に持ちこむ決め手となったのは、いま思えばこの signpost 効果でした。パッと見で訳語が目に飛び込んでくる英和辞典と異なり、英英辞典の語釈をいちいち読むのは時間がかかる。しかしロングマン第3版なら、signpost があるおかげで英和辞典に近いスピード感で使えるのです。

ついに英和辞典から英英辞典へと宗旨替えした1995年。それから今に至るまで英英辞典ライフをエンジョイしています。

❓ 英英辞典見出し語当てクイズ ②

以下の英英辞典の語釈を読んで、見出し語を当ててください。いずれも、発音に注意していただきたい単語ばかりです。ヒントとして各単語の最初の1文字を掲げておきます。

1. [h　　　　]

   the párt inside your chést that pùshes the blóod around your bódy

2. [d　　　　]

   a périod of tén yéars

3. [c　　　　]

   a jób you dò for a lòng tíme, or the périod of your lífe that you spènd wórking

4. [p　　　　]

   to bùy sómething, or the áct of bùying sómething, or sómething you have bóught

5. [c　　　　]

   an ínstrument for dràwing círcles, with twó pòinted légs jòined togéther at the tóp

6. [s   ]

the párt of your bódy where fóod gòes fírst when you swállow it

7. [m   ]

cóins, páper nòtes, or their dìgital equívalents that have a fixed válue and are ùsed for bùying and sèlling góods and sérvices

8. [e   ]

the pówer from electrícity, gás, óil, etc. úsed to màke machìnes wórk or to provìde héat and líght

9. [n   ]

a píece of jéwelry, such as a strìng of béads, that you wéar around your néck

10. [y   ]

a sòur lìquid fóod made from mílk that is òften swéetened when sóld or éaten

11. [h   ]

the màin fèmale cháracter in a bóok, pláy, or móvie

▶解　答◀

1. heart
the párt inside your chést that pùshes the blóod around your bódy
胸の内側にあり、からだをめぐるように血を押し出すところ

【発音に注意！】
　　heard（hear の過去形）の母音はあいまい母音なので /həːrd/ だが、heart は口を大きく開けて /hɑːrt/。 最初の h 音を k 音に替えれば cart /kɑːrt/ だ。
　　heart を「英語らしく発音しよう！」と意識しすぎて、わざわざ、あいまい母音で /həːrt/ と発音するひとがいる。 これでは hurt になってしまう。

2. decade
a périod of tén yéars
10年間

【発音に注意！】
　　何度なおしても /díkeid/「ディケイド」と発音しつづける受講者がいる。decide/disáid/ からの類推だろうか。decide と decade ではアクセントの位置が違うのだが。decade の正しい発音は /dékeid/「デケイド」。

3. career
a jób you dò for a lòng tíme, or the périod of your lífe that you spènd wórking
長期間たずさわる仕事、ないしは人生のなかで勤労についやす期

間

【発音に注意！】

　日本語の「キャリア」と同じく /kǽriər/「**キャリア**」と発音するのが典型的な誤りで、それだと carrier だ。career のアクセントは「リア」のほうにある。英語はアクセントのない音節は急激にあいまい母音化するので /kəríər/「カリア」と発音していただきたいのだが、どうしても「キャ」と言いたい意識が皆さん抜けないようだ。何度言い直してもらっても /kæríər/ /kjʌríər/ と言い続ける受講者が多い。

　じつは career と Korea の発音はほぼ同じだ。「キャリア」と「コリア」が同じわけないだろ！というのが通常の反応だが、ca- と Ko- はどちらもあいまい母音化して /kə/ になってしまう。発音記号で書くと career – Korea は、米国発音が /kəríər/ – /kəríːə/ であり、英国発音はどちらも /kəríə/ である。そんなことどーでもいいだろと思うかもしれないが、自分で「キャリア」「コリア」と発音しつづけるひとは /kəríər/ も /kəríːə/ もうまく聞き取れない。**リスニング力の強化は、自ら正しい発音をすることから始まる。**

4. purchase

to bùy sómething, or the áct of bùying sómething, or sómething you have bóught

買う。ないしは、買うこと、買ったもの

【発音に注意！】

　chase（追う）が /tʃeis/「チェイス」だからというので purchase を /pə́ːrtʃeis/「パーチェイス」と発音する受講者がいる。辞書を見ていただきたいのだが /pə́ːrtʃəs/「パーチャス」だ。それでも「チェイス」に未練たらたらで /pə́ːrtʃes/「パー**チェス**」と発音し

てやまない。もちろんそれで通じるけれど、ネイティブはそうは
発音しない。

5. compass

an ínstrument for dràwing círcles, with twó pòinted légs jòined togéther at the tóp

円をかくための道具で、2本のとがった脚が上部で接合したかたちとなっている

【発音に注意！】

　日本語で「コンパス」だからそのまま /kɔ́mpʌs/「コンパス」と発音する受講者が多い。正しくは / kʌ́mpəs/「カンパス」なのである。com- の部分は **com**pany や be**com**e と同じ発音だ。company を「コンパニー」、bocome を「ビコム」と発音するひとはいないと思うが！

　ズボンが trousers と複数になることから類推できるが、コンパスも複数形 compasses で使われることが多い。しかし trousers の複数形が必須であるのと異なり、compass は単数形も可。*Oxford Basic American Dictionary* を見ると、compass に Ùse a **cómpass** to dràw a círcle with a rádius of twó ínches. （コンパスを使って半径2インチの円をかいてください）という例文がある。

6. stomach

the párt of your bódy where fóod gòes fírst when you swállow it

食べものをのみ込んだときまず入っていくからだの部分

【発音に注意！】

/stómʌk/「ストマック」ではなく /stʌ́mək/「スタマック」。

7. money

cóins, páper nòtes, or their dìgital equívalents that have a fixed válue and are ùsed for bùying and sèlling góods and sérvices

硬貨、紙幣ないしそのデジタルな同等品であり、固定した価値を有して、商品や役務の売買に使われるもの

【発音に注意!】

　日本語の外来語では oil money, money laundering は「オイルマネー」「マネーロンダリング」。それにつられて money をしつこく /mʌneː/「マネー」と発音しつづける受講者がおられるが、英語にそんな発音はない。

8. energy

the pówer from electrícity, gás, óil, etc. úsed to màke machìnes wórk or to provìde héat and líght

機械を動かしたり熱や光をもたらしたりするために使われる、電気やガスや油などからくる力。

【発音に注意!】

　「なんとかエナジー」と称する会社がごまんとある昨今、英文に出てきた energy をわざわざ「エネルギー」と誤読するひとは今どき、まずいない。ところが、これを /énərziː/「エナズィー」と発音しつづける受講者が何人もいる。「ジー」よりも「ズィー」のほうが「正しい英語」に違いないという思い込みに凝りかたまり、わたしが /énərdʒi/ と何度発音しても /énərziː/ と発音しつづける。同じ原理で machine も /məʃíːn/「マシーン」ではなく /məsíːn/「マスィーン」と発音してしまう。いわゆる「過剰矯正」である。

　「シに濁点の、ジですよ」「エナ爺と発音してみて」などと、手

を変え品を替え発音矯正を図るのだが、治らない。

　わたしがいくら手本を示してもダメなときは、ネイティブ発音を聞いてもらうしかない。Longman English Dictionaries のサイト（p.195でご紹介します）でネイティブ発音を聞いてもらい、例文をネイティブとともに読んでもらうと、たいていピタリと治る。講師としては、自分の発音がいかに受講者から信用されていないか如実に証明されたみたいなもので、けっこう心が傷つくことがある。

9. necklace

a píece of jéwelry, such as a stríng of béads, that you wéar around your néck

例えばヒモに通したひとつらなりのビーズのように、首のまわりにつけるアクセサリー

【発音に注意！】

　「ネックレス」は日本式発音に違いない！と思い込んで、わざわざ /nékleis/「ネックレイス」と殊勝に発音するひとがいるが、-lace はあいまい母音化して /nékləs/「ネックラス」となる。

　neckless（首なしの）も /nékləs/ だから、necklace と neckless は同じ発音だ。

10. yoghurt

a sòur lìquid fóod made from mílk that is òften swéetened when sóld or éaten

乳から作られる酸っぱい液状の食品で、売るときや食べるときに甘みを加えることが多い

【発音に注意！】

　正しく綴れるひとが少ない。たいていは h を抜かす。

　わざわざ辞書で発音を確かめるひとも少なく、「ヨーグルト」

と発音するひとがあとを絶たないが、英語にそんな発音はない。米国発音は /jóugərt/「**ヨ**ゥガート」、英国発音は /jɔ́gət/「**ヨ**ガト」。

11. heroine

the màin fèmale cháracter in a bóok, pláy, or móvie
本や劇や映画のなかのメインの女性キャラクター

【発音に注意！】

日本語では「ヒロイン」だから、それを英語風にして /hiróuin/ ともっともらしく発音する受講者が多いが、heroine は /hérouin/ と発音する。それじゃあ「ヘロイン」みたいじゃないか！「みたい」もなにも、heroine と heroin（ヘロイン）は、まったく同じ発音なのである。綴りの末尾の -e のあるなしで、意味は大いに異なるが。

日本生まれ「ホーンビー氏の英英辞典」その後

　日米開戦の翌年1942年に日本で出版された A.S. Hornby 氏の英英辞典について pp.144-147 でご紹介した。同氏が大改訂をほどこした1963年版の *The Advanced Learner's Dictionary of Current English, Second Edition* を、幸運にも本書執筆の最中に Amazon で入手できた。と言っても、1969年に台湾の東華書局が出版した『牛津高級英英英漢雙解辭典』である。もとのオックスフォードの1963年版英英の内容をそのまま残し、さらに各項目に中国語の訳語を加えてある。米国の出品者を経由して、わたしの自宅に届いた。

　さっそく dog をひいてみた。còmmon domèstic ánimal, a friénd of mán, of which there are mány bréeds とある。a friénd of mán という、編者の思い入れたっぷりの語釈が1963年版の英英でも維持されていることに感動する（現在のオックスフォード英英に a friend of man の記述はない）。

　1963年版で computer は compute の項に派生語として扱われ、語釈は càlculating machíne とあるだけ。

　2020年刊の第10版では computer は最重要語扱いに特進し、語釈も an electrònic machíne that can stòre, òrganize and find informátion, dò prócesses with númbers and òther dáta, and contról òther machínes と詳しい。語釈なかほどの dò prócesses with númbers に辛うじて càlculating machíne のおもかげが残っている。

　1963年版で video の語釈は (U.S.A.) télevision とのみ。「（米国で）テレビ」。つくづく時代の差を感じる。

第 *9* 章

あなたにおすすめの
初級英英辞典は、これだ

◢ *Introduction*

みなさんの1冊目の英英辞典となる花嫁・花婿候補のご紹介です。
大きな書店であれば店頭で現物を見ることができるかもしれま
せんが、現実的にはネット販売サイトでご購入ということにな
りましょうか。

辞書を1語3秒で済ませていないか？

　英語学習のために辞書を選ぶときは、**見出し語の数の多さに飛びつかないで**ほしいです。

　むしろ重視してほしいのは次のような点です。

1. **文字が読みやすいか**（▶5行読み進んでも苦にならないか）

2. **用例がオシャレ、かつ実用的か**（▶飽きずに効率よく学べるか）

3. **基本語の使い方の説明が充実しているか**（▶例えば、get や demand）

4. **多義語の語義展開の説明がわかりやすいか**（▶例えば、fancy や screen）

　ところで、あなたは英「和」辞典をどのように活用してきましたか。

　いまどきの英和辞典は親切が行き届いていて、主要な和訳語は赤文字や太字で表示してある。最初の和訳語にパッと飛びついて3秒でページを閉じる、といった勉強法で乗り切ってきたかたは、いきなり英英辞典を使うのはムリです。Google 検索やアプリで和訳語をチラ見して全てを済ませているひと、その習慣のままでは英英辞典は使えません。

　まず**英和辞典**（ないしその他の英単語和訳媒体）**の使い方・読み方の習慣を改めるところから始める**ことをおすすめします。

　英英辞典で単語を引くと、語釈を読むだけでも10ワード、20ワードの英文と取り組まねばなりません。英和辞典で1語を3秒で済ませる習慣が染みついたひとが、英英辞典に向き合ったとたんに心をすっかり入れ替えて、別人のように殊勝にも辞書の記述をじっくり読み込む……なんてことは、ありえないわけです。英和辞典で1語を3秒で済ませていたひとが、英英辞典で1語に数十秒から数分

の時間をかけるという、これまで経験したことのない学習リズムに耐えられるわけがないのです。

　辞書が紙版である必要はなく、電子辞書でも PC でもスマホでもかまいませんが、**ひいた見出し語の用例・例文を3つ4つ音読する**ことを、まず基本動作としてやっていただきたいです。（わたしはそうやって語学力を伸ばしてきました！）

　make や get の例文を全部音読しろ、みたいな法外なことが言いたいわけではありません。お手軽な英和辞典の用例・例文の3つ4つを読んでいられないようでは、**そもそも読むのに時間と手間のかかる英英辞典に向き合う**ことなんてハナからムリですよと、冷厳なる現実を申し上げているのです。

　余談ながら、じっくりと読み込むに値する英和辞典としてわたしがおすすめしたいのは、『スーパー・アンカー英和辞典 第5版［新装版］』（2021年、学研プラス。同じ第5版でも新装版は字が読みやすい。誤って「新装・小型版」を買わないように！）と『コアレックス英和辞典 第3版』（2018年、旺文社）です。

字のサイズとフォントの読みやすさ

　この章の最初に掲げた「辞書の4条件」のイの一番は「文字が読みやすい」こと。このあとの辞書紹介でも、字の読みやすさが重要なチェック項目です。

　「あれ？　この著者って老眼なの？　マンガをスマホで読んじゃう、目のいいわたしたちには関係ないな」

　そんな反応をするかたもいるでしょう（小生、老眼ではないですが）。

　日本語ネイティブのわれわれが和文に向き合うとき、漢字をいちいちヘンとツクリに分解して読みはしません。「横」や「浜」を「木」「黄」「シ」「兵」に分解して認識することはない。「横浜駅前」という4文字を見れば一発認識です。漢字を拾い読みすることはありませ

ん。だからスマホの小さい文字もすらすら読める。「透明人聞」も「高級レトスラン」も、脳が本能的に修正して「にんげん」「れすとらん」と読めてしまう。

　では、皆さんが英語に向き合うときはどうでしょう。

　わたしの場合、**英語の1単語は漢字1文字のようなもので、単語全体をひと目で認識**しています。既知の単語であるかぎり、いちいちアルファベットに分解して読むことはありません。漢字をいちいちヘンとツクリに分解して読んでいないのと同じです。「横浜駅前」を一発認識するように、英語もあるていどの語群を一発認識しています。だから英語の字幕のスピードにもついていけるし、ニューヨークタイムズのニュース速報をスマホで読む。

　もし皆さんがすでにそのレベルに達しているのであれば、いきなり上級辞典レベルの小さな文字の英英辞典を使って OK です。

　もし皆さんの脳が snowman や sunflower を見て無意識のうちにも S-N-OW-M-A-N や S-U-N-FL-OW-ER のように個々のアルファベットに落とし込んでいるなら、それはすなわち漢字をヘンとツクリに分解しながら読んでいるレベルです。英語の辞書を選ぶときにも、文字の読みやすさに十二分に留意する必要がありましょう。

英英辞典への入門は、まずこの1冊から

　さて、いよいよ本題。最初にご紹介するのは、これまでの章で頻繁に登場した4冊の初級英英辞典です。（価格は本書執筆時の販売サイト上のものですが、洋書は為替レートや輸入者の方針によって価格変動します。あくまで参考値とお考えください）

　これまでの章で体験いただいたとおり、**この4冊の語釈や用例のレベルは大差ありません**。語釈は1,600〜2,000語の基本単語を使って書かれています。見出し語も、高校英語の単語は十二分にカバーしています（難関大学の入試に取り組むには、ワンランク上のものが

望ましい)。イラストも豊富で親しみやすい編集ぶり。この4冊のどれをお買いになっても、後悔されることはないはずです。

> ### ① *Oxford Basic American Dictionary for learners of English*
>
> 2011年、英国オックスフォード大学出版局、519＋25頁、CD-ROMつき、縦23.4 cm、約3,100円

4冊のなかで唯一、**米国英語**の英英です。**CD-ROMつき**なので、PCにダウンロードして利用することもできます。

米国英語の辞書ですから発音表記は米国発音のみ。日本の英語教育は文科省検定済教科書からNHK英語講座まで米国英語であり(そしてそれは正しいと思いますが)、それに合致しています。

全ページが多色刷りなので説明イラスト・写真はカラーで。見出し語も、重要語2,000がオレンジ色、その他が青色で表示されるスタイル。色刷りを効果的に使っていて見やすい。親しみやすさは他の辞書に比べて抜きんでています。文字も読みやすく、通読しようと思えばできてしまうでしょう。

日本の出版社が出す辞書は(一部の大辞典を除き)手のひらサイズでコンパクト。そのサイズに収まっているのが、この後ご紹介する②・③・④です。これに比べるとこの辞書は、縦が3.5センチ突き抜け、横幅も2.5センチ長く、いわば机上版サイズですが、厚さは2.5センチでさほど重くもなくハンディです。

このベーシック・アメリカン英英は、文句のつけどころがありません。自信をもっておすすめします。

いっぽうこの辞書には、ほぼ同内容の英国英語版があります(ただし本文2色刷り、イラスト・写真は単色で、さらにカラー別刷りの図解ページあり)。***Oxford Essential Dictionary for elementary and pre-intermediate learners of English***(第3版、2022年、496＋32頁、

縦21.5 cm、表紙下部に3rd Editionと表示あり）ですが、文字が小さすぎフォントも読みにくい。間違っても買わないことです。2012年発行の第2版（表紙右上にNEW EDITIONと白文字で表示あり）は、それなりに読みやすいのでOKでしょう。英国英語版の第3版は、350語義を増ページなしで新収録したムリがたたって深い墓穴を掘りました。

---

② *Collins COBUILD Primary Learner's Dictionary, 3rd Edition*
Collins コウビルド エセンシャル英英辞典

第3版、2018年、英国ハーパーコリンズ社、471＋18頁、縦19.7 cm、2,200円

　この辞書は、桐原書店が大量輸入して『Collins コウビルド エセンシャル英英辞典』と題し、使用の手引きの小冊子つきで2,000円＋税で販売しています。並行輸入版もあります。値段の安いほうをお買い求めください。現在販売中のものは第3版ですが、本文内容は2010年の初版と同じで、付録部分が若干増えただけです。

　英語名が*Collins COBUILD Essential Dictionary*となっている辞書もネット販売で見かけますが、これが2010年の初版にあたります。桐原書店の販売名は、この初版の名を踏襲しています。

　本文2色刷り、イラスト・写真は単色で、カラー別刷りの図解ページあり。これは②〜④に共通します。

　日本の中学・高校で補助教材として採用する英英をひとつ選ぶとすれば、価格面も含めた買いやすさ、手にとったときのハンディさ、イラストのきまじめな感じ（文科省検定済教科書のお供の雰囲気あり）から見て、この1冊になるのでしょう。桐原書店が代理販売しているのもうなずけます。

　中高一貫教育の進学校であれば、中3ないし高1から、この辞書（に限らず①から④のどれでもよいが）を副教材として使ってほしいものです。（隗（ かい ）より始めよの言葉どおり、まず先生がたが日頃から中級・上級の英英を使いこなすようになるべきですが、たぶんそれが最もむずかしい……）

　②・③・④の辞書の玉にきずは、発音表記が英国英語であることです。例えば vase（花瓶）をひくと、②・③・④では /vɑːz/ です。①は書名に American とあるとおり米国英語の /veis/ が示されます。発音表記を重視されるかたは①をお選びください。

> ③ *Cambridge Essential English Dictionary,*
> *Second Edition*
>
> 第2版、2011年、英国ケンブリッジ大学出版局、481＋16頁、縦19.6 cm、約3,800円

　一部の販売サイトに201頁とあるのは誤記です。

　①から④のなかで今のところ価格はいちばん高いですが、読みやすいフォント（字体）で使いやすいし、用例・例文も的確なものを選んでいるのが感じられます。

> ④ *Longman Basic English Dictionary*
> *for pre-intermediate learners*
>
> 2002年、英国ピアソンエデュケーション社、431頁、縦19.8 cm、約2,300円

　この辞書は、かつて桐原書店が大量輸入して『ロングマンベーシック英英辞典』と題して販売していましたが、同社による販売は終了したもようです。桐原書店を通さない、一般洋書としての販売は継続しています。

　学習初級英英の草分けです。2002年刊ですがフォントがモダンなので古びた感じはありません。ちなみに「インターネット」もちゃんと出ています。

> **Ínternet: the Ínternet**　a sýstem that allòws péople ùsing compúters around the wórld to exchánge informátion ‖ *Are yóu on the Ínternet yét?*

（Internet: the Internet　世界じゅうでコンピューターを使う人たちが情報を交換できるようにしてくれているシステム ‖ もうインターネットにつながってますか?）

　この辞書の米国英語版が存在します。***Longman Basic Dictionary of American English*** と称し、1999年刊のものがそのまま版を重ねていますが、おすすめできません。読みにくいフォント（字体）を使い、イラストも幼稚園児向けの雰囲気がただよっています。このあたりの欠点が④の英国英語版では改められているので、④は自信をもっておすすめできます。

💬 初級から中級への橋渡し

> ⑤ ***Longman WordWise Dictionary for pre-intermediate – intermediate learners, 2nd Edition***
>
> 第2版、2008年、英国ピアソンエデュケーション社、792＋32頁、縦19.8 cm、CD-ROMつき、価格不定

　学習初級英英の読みやすさをそのままに、語彙数を約1.5倍以上に増やしました。基本本語の用法説明が充実しており、get, have, look などはイラスト・写真も多用しつつ見開き2ページをあてて

解説しています。発音は英国発音に米国発音を併記。説明用のカラーイラストや写真もクオリティーが高い。

説明がやや冗長ぎみ。数多くの用例ももう少ししぼったほうが、かえって使いやすかったかもしれません。やる気のある学習者が教科書として読み込んだら、実力アップに貢献してくれることでしょう。

この辞書であれば、大学入試はもとより、大学の教養課程でも十分に使えます。

この辞書の第1版は2001年刊で、イラストが単色でした。第2版はカラー刷りでいちだんと楽しくなりました。

第1版・第2版とも、かつて桐原書店が『ロングマン ワードワイズ英英辞典』と題して、使用の手引きつきで販売していました。現在は桐原書店からの販売はなくなったようです。

現在の第2版のネット販売価格を見ると新品はかなり高額ですが、割安の中古品も買えるようですので、それを利用されるのもよいでしょう。

販売サイトに投稿されている読者コメントを読むと、①から④の辞書については、高評価に交じって「引きたい単語や用法が出ておらず使いものにならない」といった的外れの酷評を見ることがあります。

初級英英は、**あくまで英英辞典「入門」のためのひとつのツール**にすぎない。英字新聞を読もうとすれば、当然ながら、たちまち語彙不足が露呈します。

初級英英は、**すでに知っている単語を「ものは試しだ。何て書いてあるかな」ぐらいの気持ちで引いてみるのに使う**ものだと割り切っていただきたいです。

英検®の準一級をお持ちのかた、TOEICで800点以上のスコアのかたは、初級英英はすっ飛ばして、次章で紹介する中級・上級の英英へとお進みください。

お手頃価格でベストセラーの英英辞典を見つけたが……

　さて、ここまで読まれた読者であれば、ネット販売サイトもご覧になったりして、いかにもお手頃価格で評価スコアも高い英英辞典に遭遇されたことでしょう。

Paperback Oxford English Dictionary, Seventh Edition

第7版、2012年、英国オックスフォード大学出版局、864＋146頁、縦19.5 cm、約1,400円

　Amazonのサイトを見ると「ベストセラー1位」の表示があります。総ページが1,000頁を超え、厚みは4.5センチ。ちょうど日本人がイメージする「辞書」の典型的サイズです。収録語彙レベルも上級辞書並み。文字が小さいですが、天下のオックスフォード英英でこの値段なら買わないテはない！

　しかし、わたしは日本人の学習者の最初の英英としては、この辞書をおすすめしません。

　なぜか？　この辞書は、まさにネイティブ向けの辞書なのです。

　だから、ネイティブが発音に戸惑わない単語には、発音記号がありません。つまり、cough にも enough にも height にも発音の仕方の表示は無し。automate のアクセントが áutomate なのか automáte なのかもわかりません。およそ日本の中高生が引きそうな単語には発音が示されていないと思ってください。

　これは困ります！　いまさら言う必要もないでしょうが、英単語の発音はつねに落とし穴があり、わたしは今でも、初めて見る単語は必ず辞書で発音を確認し、自分で発音してみます。わたしの学びの流儀に合わないので、この辞書は早々にしまい込んでしまいました。

　辞書の内容じたいはさすがオックスフォード、語釈は簡潔・的確で、よくできています。ただし学習英英ではないので、用例・例文はほとんどありません。辞書の中央に固有名詞をひとまとめにしたページがあり、地名篇が46頁、人名篇が63頁にも及びます。人名は創世記の Adam や Buddha（仏陀）から、ハリー・ポッター作者の J.K. Rowling まで多岐にわたります。

　人名篇には**日本人ないし日系英米人も7名**がエントリーしています（日本人が4名、日系人が3名）。さて、**誰々でしょう？**　横道にそれますが、考えてみてください。（正解は、p.191をご覧ください）

　ほかにも読者の皆さんがひっかかりそうな、お手頃価格のネイティブ向け辞書として次のようなものがあります。

Oxford Children's Dictionary, Sixth Edition

第6版、2015年、英国オックスフォード大学出版局、400頁、縦21.5 cm、約2,000円

Oxford Primary Dictionary, Sixth Edition

第6版、2018年、英国オックスフォード大学出版局、599頁、縦21.5 cm、約2,400円

　いずれも8歳以上の英語ネイティブの子供向けに作られたものです。収録語彙レベルは⑤の *Longman WordWise Dictionary* と同程度ですが、語釈は素っ気ないほど簡潔で、用例もほとんどついていません。外国人が英語を学ぶために作られた辞書ではないわけです。

　この辞書も、基本的に単語の発音は表示されていません。ネイティブでも戸惑いそうな単語にだけ、発音の指示があります。例えば

souvenir　(*say* soo-ve-**neer**)
spaghetti　(*say* spa-**get**-ee)

　ネイティブの子供たちが使うための辞書なので、国際発音記号ではなく、英語なりの綴りで発音を示します。soo で「スー」、ee で「イー」と読ませていますね。

sow　(*rhymes with* **go**)
sow　(*rhymes with* **cow**)

　上の sow は go「ゴウ」と韻を踏みますよ、との指示。つまり「ソウ」と読むわけですね。「種まきをする」ほうの sow です。
　下の sow は cow「カウ」と韻を踏むとあります。つまり「サウ」と読む。「めすブタ」の sow です。

> **Oxford School Dictionary, Eighth Edition**
> （第8版、2023年、英国オックスフォード大学出版局、822頁、縦21.5 cm、約2,200円）

　10歳以上のネイティブ向けの辞書。語彙の量は日本の高校生の

英語学習を十分にサポートできるし、何と言っても字が読みやすい。個人的にはとても好みの辞書ですが、発音表示の無さは上掲の2つの辞書とほぼ同様。

Oxford English Dictionary for Schools, Fourth Edition

第4版、2021年、英国オックスフォード大学出版局、918頁、縦18.9 cm、約2,500円

こちらは11〜16歳のネイティブ向けの辞書。語彙数も、次の章でご紹介する中級辞書並みです。発音表示はさらに減って、souvenir も spaghetti も発音の注記は無しです。文学作品からの数多くの用例引用を青字で示していて、わたしなどは思わず引き込まれますが、いかんせん、字が小さい。

いずれにせよ、この辞書を買うよりは、多少高くても次章ご紹介の中級英英が日本人学習者向きです。

こちらの辞書もやはり、強烈なお手頃価格が目にとまりそうです。

The Merriam-Webster Dictionary

2022年、米国メリアム・ウェブスター社、927頁、縦17.1 cm、約1,300円
2019年、米国メリアム・ウェブスター社、701頁、縦21.5 cm、約2,900円

表紙に America's Best-Selling Dictionary とうたっています。天下のメリアム・ウェブスター社の旗艦辞書たる *Merriam-Webster's Collegiate Dictionary* の内容をチョー簡潔に圧縮したものです。小さな文字がぎっしり詰まっていて4行以上はとても読めない。

学習向けの用例もとぼしい。

　縦17.1 cm のほうは、そっけない典型的ペーパーバック判。いっぽう、縦21.5 cm のほうは A5 判でイラストが入り、付録部分も充実しています。

　すべての見出し語に米国発音の表示があります。

　大辞典なみの語彙数を簡潔・最小限の語釈で処理し、米国発音表示つきで手のひらに収めてあるわけで、わたしは折おり重宝していますが、この辞書はあくまで上級者が英語の文書を読むとき向けです。この辞書を使って英語を「学習する」のはムリすじです。次章でご紹介する上級者向けの英英辞典を愛用するようになった暁に、日常づかいで使用する分には *The Merriam-Webster Dictionary* は、おすすめです。

p.187 のクイズの答え

　*Paperback Oxford English Dictionary*の固有名詞ページ・人物篇に収録されている日本人および日系英米人の名前は以下のとおりです：

〈日本人〉
・Akihito（平成天皇）
・Hirohito（昭和天皇）
・Hokusai, Katsushika（葛飾北斎）
　【注】人名はラストネームで立項しているので、見出しはほんらい Katsushika で立てるべきかもしれませんが、国際的にも圧倒的に Hokusai の名で知られているため、便宜的に Hokusai で立項したのでしょう。
・Kurosawa, Akira（黒澤明）

〈日系英米人〉
・Ishiguro, Kazuo（石黒一雄）
　【注】2017年にノーベル文学賞を受賞。長崎生まれ、5歳のとき一家で英国移住、1983年に英国に帰化。
・Ono, Yoko（小野洋子）
　【注】現代アート作家にして音楽家。John Lennon 夫人として有名ですね。東京生まれですが、米国移住後に米国籍を取得しています。
・Yamasaki, Minoru（山崎實）
　【注】建築家。米国生れの日系二世。

　この7名のチョイスを勘で当てられる人は1億2千万人の日本人のなかでひとりもいないのでは？
　せっかくですから、Hokusai, Katsushika と Yamasaki, Minoru

の項を読んでみましょう。

Hokusai, Katsushita /**hoh**-kuu-sy, hoh-kuu-**sy**/ (1760–1849), Japanèse páinter and wóod engràver. His wóod-cuts of èveryday lífe ínfluenced Europèan Impréssionist ártists.

（葛飾北斎　日本の画家・木版画家。日常生活を描写した木版画はヨーロッパの印象派の画家たちに影響を与えた）

　発音表示の /hoh/ は [hou] の音、/sy/ は [sai] の音を表わしています。

Yamasaki, Minoru /yam-uh-**sah**-ki/ (1912–86), Amèrican árchitect, who desígned the Wòrld Tráde Cènter in Nèw Yórk.

（ミノル・ヤマサキ　米国の建築家。ニューヨークのワールド トレード センターを設計した）

　発音表示の /uh/ は、あいまい母音の [ə] を表わしています。

第 *10* 章

あなたにおすすめの
中・上級英英辞典は、これだ

◢ *Introduction*

この章は「2冊目以降となる紙版の英英辞典」のご紹介です。
いろいろと良質の辞書がそろっていますので、英英辞典にはまったら、あれこれ試してみると楽しいですよ。
章の冒頭には、おすすめのスマホアプリおよび辞書ウェブサイトもご紹介してあります。

英英辞典スマホアプリ

　第1章で、**スマホで使えるおすすめ英英アプリ**を3つご紹介しました：

〈1〉 *Oxford Dictionary of English*（英国）
〈2〉 *Merriam-Webster Dictionary*（米国）
〈3〉 *LexicEN Lite* 英英辞書（米国）

　このうち〈2〉と〈3〉は第1章で詳しくご紹介したので、ここでは〈1〉について補足しておきます。（スマホアプリを選ぶときの目のつけどころは、まず「見やすさ」「読みやすさ」でしたね）

　オックスフォードからは大小さまざまの辞書が出ていますが、1巻本で最大の英英が *Oxford Dictionary of English* です。ムダなく的確な語釈は定評あり。用例も豊富、かつ多すぎず。見出し語あたりの文量がコンパクトで、図らずもスマホアプリにも向いていたわけです。この英英に加えて、オックスフォード最大の類義語辞典 *Oxford Thesaurus of English* の内容も読むことができる、そんなぜいたくなアプリが〈1〉です。年額で2,300円となっております。

　もとの紙版の辞書はデカすぎて、辞書マニアのわたしでさえ持て余します。スマホアプリのおかげで日常使いできて、いまさらながらオックスフォードの旗艦辞書のすごさを再認識させられました。

 無料で使える英英ウェブサイトのおすすめは……

　英英辞典のウェブサイトは数多くありますが、無料のものはポップアップ広告のオンパレードで、とにかくわずらわしい（広告ブロックの裏技もいろいろあるようですが、わたしはまだ門外漢なので、ここでは立ち入りません）。そんな中でひとつだけ、どなたの使用にも

堪える無料英英ウェブサイトがあるのでご紹介しておきます。

〈4〉 *Longman English Dictionaries*
https://www.ldoceonline.com/dictionary/
（www. の直後の文字は「I（アイ）」ではなく「l（エル）」です）

なぜサイト名が Dictionaries と複数形なのか。*Longman Dictionary of Contemporary English*（LDOCE）と *Longman Business English Dictionary* の2つの辞書の内容がこのサイトで無料検索できるからです。

LDOCE はロングマンの上級英英です。この旗艦辞書の見出し語はもとより辞書本文のすべての用例も、ネイティブ話者が読んだ録音音声で聞くことができます（囲み記事内の用例や、コーパスから新たに採られたウェブ版独自の用例には音声はついていません）。わたしは対面レッスンでもオンラインレッスンでも、受講者への英語発音指導にこのサイトを利用しています。

こんなに優れた内容の英英サイトが無料で使えるのに、広告はおとなしめで、十分使用に堪えます。なぜロングマンがこんな大サービスをしているかというと、ちゃんと理由があります。もともとLDOCE には広告なしの有料版英英サイトがありました。紙版を買った読者も裏表紙の銀色シール下の暗証番号を入力すると有料版サイトにログインできる仕組みでした。ところがロングマンはこの無広告有料サイトを2022年に突然閉鎖し、代替として広告つき無料サイトに誘導することにしました。ビジネスモデルを変えたわけですね。

経緯はともあれ、利用しない手はありません。LDOCE は上級辞書ですが、語釈は基本2,000語のみを使って書かれています。紙版LDOCE の最新版（第6版）は文字が極限まで小さく読みづらいのですが、ウェブ版はレイアウトもフォントもじつに読みやすい。

　検索した最初の1語、2語は、ポップアップ広告がわずらわしい場合がありますが、それを過ぎればポップアップ広告はおとなしくなります。

 おすすめの中級英英辞典は、こちらです

　さて、本題に戻りましょう。前章にひきつづき、おすすめの中級英英をご紹介していきます。

　ここでいう**「初級」と「中級」の線引きはどこにあるのだ?**という疑問が出てくるかもしれません。

　本書の第1章から第6章までは、おもに①〜④の辞書の語釈を紹介しました。それらが、和訳を見ることなくスッと頭にはいってくるようであれば、すでにあなたはかなりの実力者。「初級」はスッ飛ばして中級英英、まずは⑥ *Longman Dictionary of American English* か、⑩ *Cambridge Learner's Dictionary*（☞ p.202）にトライされてはいかがでしょうか。

> #### ⑥ *Longman Dictionary of American English, 5th Edition*
>
> 第5版、2014年、英国ピアソン エデュケーション社、1,296＋62頁、縦21.5 cm、約4,000円

　中級英英ながら、文字サイズやレイアウトは初級英英なみの読みやすさ。そのためページが増えて1,400頁に近く、厚さは5センチ。サイズもアメリカンです。どんどん読み込んでいける優れた学習英英として、自信をもっておすすめできます。

　書名のとおり「アメリカン」なので発音表記は米国発音のみ。米国流が徹底していて、lift を引いても英国英語流の「エレベーター」には言及なし、flat を引いても「マンション」の語義はあっさり無

視です。

　本文は多色刷りなので、イラストもカラー版です。見出し語は青文字ですが、重要9,000語は赤文字で刷り、うち最重要3,000語は赤マル3つ、次のレベルの重要3,000語は赤マル2つ、さらにその次の3,000語は赤マル1つをつけて、語彙学習の優先順を示します。

　販売サイトによっては「CD-ROMつき」と書いてあるものがありますが、2014年刊の第5版にCD-ROMはついていません。

---

⑦ *Longman Active Study Dictionary for intermediate – upper-intermediate learners, 5th Edition*

第5版、2010年、英国ピアソン エデュケーション社、1,040＋56頁、縦19.7 cm、約7,000円

　収録語彙や用例が⑥よりもやや少なめ。字体・文字サイズやレイアウトが、ロングマンの上級辞典 *Longman Dictionary of Contemporary English*（⑯ ☞ p.215）と基本的に同じなので、中級英英にしては読みにくいです。新品の価格が上がっていますので、中古品を使うのもよいでしょう。

　第7章の冒頭で、初級英英の第1の条件として「文字の読みやすさ」を挙げ、その目安として「5行読み進んでも苦にならないか」と書きました。その流儀でいけば⑦と⑯は、4行目あたりから苦になりはじめる。英英辞典を使うのにかなり慣れないと、これらを使うのは苦しいでしょう。⑦と⑯は文字づらの印象が同じで、判型だけ違う。まるで親と子を見るようです。

　本文は全ページ多色刷りで、この辺は⑥と同じです。

　英国英語を基調としつつ米国英語にもしっかり目配りしていて、英・米の両方をしっかりカバーしているのは⑥より優れている点です。例えば発音は、英国発音をまず示して＄マークのあとに米国発音を示します。lift を引くと、*BrE* の表示のあとに「エレベーター」

の語義が示され、類義語として elevator *AmE* が掲げてあります。
逆に elevator を引くと、*AmE* の表示のあとに「エレベーター」の語
義が示され、類義語として lift *BrE* が掲げてあります。

ロングマンを看板に掲げる中級英英どうしなのに、⑥と⑦は語釈
も用例も異なっていてビックリさせられます。⑥と⑦は、まったく
別の辞書です。

例えば、⑥と⑦の disappear の第１義を比べてみましょうか。

> ⑥ **disappear:** 1 to becòme impóssible to sée anymóre ||
> *The scárs will disappéar in a yéar or twó. | The cát had*
> ***disappéared under** the cóuch.*

> ⑦ **disappear:** 1 if sómething disappéars, you can nó
> lónger sée it || *My kéys have disappéared. | The sùn brie-*
> *fly disappéared behind a clóud. | [+ from] Sòme bóoks*
> *have disappéared from the líbrary.*

たまたまですが disappear の場合、語釈のしかたが、⑥では「も
はや見えなくなってしまう」という昔ながらの記述ですが、⑦では
「何かが disappear すると、もうそれを見ることができない」という
コウビルド方式（☞ pp.147-149）の記述です。動詞と結びつきやす
い前置詞の示し方も違いますね。

参考のために上級辞典⑯の disappear の第１義の書きぶりも見て
みましょう。上掲のものと比べていただくと、中級と上級の違いが
はっきりおわかりいただけるでしょう。

> ⑯ **disappear:** 1 to becòme impóssible to sée any lónger
> **[SYN]** vanish **[OPP]** appear || **[+ behind/under/into etc.]** *The*
> *sún had disappéared behind a clóud. | disappear from*

> **view/sight** Dávid wátched her cár untìl it disappéared from víew. | At thís póint the páth sèemed to **disappéar altogéther** (=disappéar complétely).

比べてみると、なるほど上級辞典は至れり尽くせり。類義語と反義語を示し、ともに使われやすい前置詞を列挙し、よく出てくる連語表現も提示しています。

さて、天下のオックスフォードからも、良い中級英英が出ています。

> ⑧ *Oxford Wordpower Dictionary for intermediate learners of English, 4th Edition*
> オックスフォード ワードパワー英英辞典［第4版］
>
> 第4版、2012年、英国オックスフォード大学出版局、839＋96頁、縦19.8 cm、約3,700円

文句のつけどころがなかなか見当たらないスタンダードな中級英英。本文は2色刷りで、見出し語が青字、イラストや写真は黒の単色です。

文字サイズは⑦とほぼ同じですが、フォントが微妙に太めなので5行読んでもさほど苦にならない。その意味でもおすすめにためらいはありません。

発音表記が英国発音のみなのが玉にきずですが、米国英語の語彙にもしっかり目配りしています。例えばflatを引くと

> **flat 1 [C]** (*especially AmE* **apartment**) a sèt of róoms that is úsed as a hóme (úsually in a làrge buílding)

このように、米国英語では apartment だよと教えるだけでなく、下のような囲み記事までついています。

> **HELP Apártment** is the nòrmal wórd in Amèrican Énglish. In Brìtish Énglish we say **apártment** when tálking about a flát we are rénting for a hóliday, etc. ráther than to líve ìn: *We're rènting an apártment in the Sóuth of Fránce.*

（お役立ち情報　米国英語では apartment を使うのがふつうです。英国英語で apartment と言うときは、住居としてではなく休暇中などの滞在用に借りるマンションのことを指します：「南仏での宿泊は apartment（滞在型のホテル）にするつもりだ」）

いっぽう、⑧で apartment を引くと

> **apartment [C] 1** (*especially AmE*) = **flat** (1) **2** a sèt of róoms rénted for a hóliday ‖ *a sèlf-cátering apártment*

第1義の「マンション」は主に米国英語での用法。flat の第1義に同じとあるので、意味を知るには flat を引く必要があります。

さらに第2義として、先ほどの **HELP** 欄に解説されていた「休暇滞在型のホテル」。用例の a sèlf-cátering apártment は「キッチンつきホテル」ですね。

この辞書は旺文社が CD-ROM つきのものを大量輸入して『オックスフォード ワードパワー英英辞典［第4版］』と題して2013年から販売していました。

また2002年には、この辞書の第2版にもとづいて『ワードパワー英英和辞典』が増進会出版社から出ていました。「英英和」という名で一目瞭然のように、もとの英英をそのまま転載したうえで、語

釈の逐語訳と最終的な和訳、さらに用例・例文の和訳も添えるという親切な名著でした。例えば height の項の冒頭はこうです。

> **height** ▶定義 **1** the méasurement from the bóttom to the tóp of a pérson or thíng 人または物の一番下から最高点までの寸法 ➡ **高さ、身長**

　ふつうの英和辞典を引くと、いきなり第1義として「高さ、身長」と書いてあるわけですが、英英和辞典では前哨戦として、英語で書かれた語釈とその逐語訳がついているわけです。英英辞典に入門するための理想的なツールといえます。

　増進会出版社の『ワードパワー英英和辞典』は総ページ1,919頁で、定価は3,200円＋税でしたが、残念ながら絶版になっています。

　このような「英英和」辞典に相当する「英英中」辞典は、"英英・英漢双解"と称して中国・香港や台湾で出され続けています。ロングマンとオックスフォードの上級英英が「英英中」化されたもので、版を重ねています。日本が中国の後塵を拝する状況がこんなところにも見られるのは、残念でなりません。

> **⑨ *Oxford American Dictionary for learners of English***
>
> 2011年、英国オックスフォード大学出版局、852＋42頁、縦21.5 cm、CD-ROM つき、約5,800円

　いい辞書です。レベル的には⑧と同じですが、比べると見出し語の選択も異なっている場合があり、語釈や例文も異なるものが多数見られます。内容的には⑧よりも若干増えています。⑧と⑨を比べれば、わたしなら⑨のほうを使いたいので、自然と書棚の良い位置に置いてあります。

　本文が多色刷りなので、重要3,000語はオレンジ色の見出し、そ

れ以外は青色の見出し。

　語釈が多岐にわたるものは、各語義の冒頭にキーワードを掲げて
あり、目指す語義にすばやくたどりつくことができるようになって
います。第8章の最後のところ（☞ pp.165-167）でご紹介した、ロ
ングマン英英の signpost 方式ですが、オックスフォードでは
shortcut と呼んでいます。

　「アメリカン」なので発音表記は米国発音のみ。⑥と同様に米国
流が徹底していて、lift を引いても「エレベーター」には言及なし、
flat を引いても「マンション」の語義はありません。

---

⑩ *Cambridge Learner's Dictionary, Fourth Edition*

第4版、2012年、英国ケンブリッジ大学出版局、872＋69頁、
縦20.9 cm、約3,000円

　2012年の刊行時は CD-ROM つきでしたが、現在販売中のもの
は CD-ROM が省かれています。販売サイトによっては「2021年
になって句動詞（phrasal verbs）小辞典が増補された」かのように記
述したものがありますが、それは誤り。2022年印刷のものを取り
寄せてみましたが、辞典の内容は2012年の第4版そのままです。

　語彙数レベルは⑥〜⑨とほぼ同じですが、用例や語義が絞り込ま
れて、その分だけ文字が読みやすい。ハンディーで学習者が使いや
すい英英辞典に仕上がっています。発音は英国発音に米国発音を併
記しています。語彙も英国・米国両方に目配りしていて、さすがで
す。じつにバランスがとれていて、わたしのイチ推しの中級英英で
す。

　本文2色刷り、本文イラストは単色で、カラー別刷りの図解ペー
ジあり。語釈が多岐にわたるものは、各語義の冒頭にキーワードを
掲げてあり、目指す語義にすばやくたどりつくことができるように
なっています。このキーワードをロングマンは signpost と呼び、

オックスフォードは shortcut と呼びますが、ケンブリッジは guideword と呼んでいます。

💬 中級から上級英英辞典へ

> ⑪ *Newbury House Dictionary plus Grammar Reference, Fifth Edition*
>
> 第5版、2014年、米国ボストン National Geographic Learning 社、1,116＋103頁、縦21.5 cm、約10,000円

　わたしが2016年に買ったときは3,000円台だったのですが、現在ネット価格は高騰していて絶版を懸念しています。あまり知られていない辞書ですが、2冊目、3冊目の英英としておすすめしたいです。

　見た感じは初級英英のような極めて見やすい文字組みですが、中級英英の領域を超える語彙が例文つきで出ていて、わたしは新聞記事や小説を読むときけっこう重宝しています。例を2つ挙げます。

> **dodgy:** *Brit.* rísky, dángerous || *Híking in thòse móuntains could be dódgy; bè cáreful!*

> **doff:** to tàke óff || *The mán dòffed his hát to the wóman.*

　とにかく語釈が簡潔。ことばを尽くして語義を説明する代わりに、類義語を提示してすませ、例文で説明を補うというやり方です。例えば doctor を引くと

> **doctor:** a physícian || *I vísited the dóctor yésterday for a mèdical examinátion.*

　「医師、医者」という基本語の語釈において a physician という類義語だけポンと提示して済ませるなどということは、これまで見てきた他の辞書ではありえない。これを見たときは椅子から転げ落ちそうになりました。

　しかし、ちゃんと例文でもって「サービスを受けたいひとが訪問する対象となる人であること」「診察を業としていること」がわかる仕組みです。さらに語釈の末尾には類義語欄を設けています。

> THESAURUS **doctor:** an M.D., medical practitioner | doc *infrml.* | surgeon

　英英辞典と類義語辞典のハイブリッドを意識した作りです。

　make や give のような基本語ではこれがさらに徹底していて、語釈はいきなり類義語欄で始まります。

> **make:** made, making, makes
> THESAURUS **1** to manufácture, prodúce || *Our cómpany* **màkes** *compúters. Our cómpany* **manufáctures** *(or)* **prodúces** *compúters.* **2** to perfórm, dó || *A dóctor* **màde** *a cút in the pátient's stómach. A dóctor* **perfórmed** *(or)* **dìd** *a cút in the pátient's stómach.*

　たんに類義語をそっけなく羅列するのではなく、それぞれの類義語が生きるシチュエーションを例文で示し、しかもわざわざ「この類義語でちゃんと入れ替えがききますよ。ほらね!」とダメ押しの例文まで加えてある。この学習者思いの配慮には脱帽です。

　なお、この辞書にはスマホアプリをダウンロードできるはずの暗証番号がついているのですが、アプリそのものが廃止になってしまったようです。

さて、次は、専門用語に目配りしたオックスフォード英英の第4版と第3版です。

---

⑫ *Oxford Student's Dictionary for intermediate to advanced learners of English, 4th Edition*

第4版、2021年、英国オックスフォード大学出版局、840＋48頁、縦21.5 cm、約4,100円

---

⑫ *Oxford Student's Dictionary for learners using English to study other subjects, 3rd Edition*

第3版 、2012年、英国オックスフォード大学出版局、822＋48頁、縦21.5 cm、CD-ROM つきのものあり、価格不定

オックスフォードの中級英英としてご紹介した⑧ *Oxford Wordpower Dictionary* がベースとなっています。⑧は一般語彙を手堅くカバーしているのでこれはほぼそのまま生かし、そこに理系・文系のさまざまな学科で登場する基本的な専門用語が追加されました。

例えば、refract（屈折させる）や ergonomics（人間工学）、解剖学の placenta（胎盤）や pancreas（膵臓）、美術用語の Bauhaus（バウハウス）や Impressionism（印象派）といった単語です。これらは⑧には出ていませんが、⑫にはしっかりとした語釈がついています。

理系科目の教科書に出てきそうな図版がいくつも盛り込まれています。例えば、generator（発電機）のところには、火力発電所・水力発電所の略図上に turbine（タービン）、generator（発電機）、condenser（復水器）、transformer（変圧器）などが示されます。skin（皮膚）のところでは、皮膚の断面図上に epidermis（表皮）、dermis（真皮）、sweat gland（汗腺）などが示されます。

こういう英英辞典を、理系志向の優秀な高校生の手元に届けたい。英語というものが科学の最先端に向き合うために不可欠のツールで

あることを実感しながら若い世代に英語を学んでほしいです。

　第4版は出版されて間がなく、第3版もまだ買えるようです。

　第4版には gig economy（ギグエコノミー）や neurodiversity（脳の多様性）といった新語・新語義が1,000以上盛り込まれ、新規の図版では climate change（気候変動）や plate tectonics（プレートテクトニクス）も扱っています。第4版では、語義が多岐にわたる基本語彙は、⑨でご案内した shortcut を使うことにより、探す語義にたどりつきやすくなっています。

　第3版のフォントのほうが第4版より読みやすいので、学習者には第3版をおすすめしたいところです。と言いつつ第4版の gig economy と neurodiversity の語釈を読んでみましょうか。

> **gíg ecònomy:** [C, úsually sing.] **(ECONÓMICS)** a wáy of wórking in which mány shòrt périods of wórk are aváilable ràther than pérmanent jóbs

（ギグエコノミー：［可算、通常は単数形で］（経済学）労働形態のひとつ。定職につくというより多数のコマ切れの仕事に従事するかたち）

> **neurodivérsity:** [U] **(PSYCHÓLOGY)** the idéa that péople with bráins that wòrk differently are párt of the nòrmal ránge in húmans ▶**neurodivérse:** *The pláy is desígned for chíldren with áutism, and for óther neurodivèrse áudiences.*

（脳の多様性：［不可算］（心理学）脳の働きかたが異なる人々も、人間の正常の範囲内なのだという考え方　▶脳の働きかたが様々な：「その演劇は自閉症の児童やその他さまざまな脳の働きかたの観客のために企画された」）

なお、同じ *Oxford Student's Dictionary* という名前で、14歳

以上のネイティブ向けに作られた、全く別の辞書があるのでご注意ください。1,300頁、縦19 cmで、第4版が2016年に出ています（どちらの辞書かは、ページ数でご確認ください）。ネイティブ向けなので発音表示は一切なく、用例も少ない。英語学習者向けではなく、ネイティブの高校生に役立つであろう情報を伝えようとしているのがわかります。例えば、Easter という単語を引くと

> **Easter** NOUN the Súnday (in Márch or Ápril) when Chrístians commémorate the resurréction of Chríst; the dáys aròund it [námed after *Eastre*, an Ànglo-Sáxon góddess whose féast was célebrated in spríng]

（復活祭　名詞　キリスト教徒がキリストの復活を記念する（3月ないし4月の）日曜日、ないしその前後の数日間［春に祭日があるアングロサクソンの女神エーアストレ（エオストレ）の名からきている］）

ネイティブの高校生向けなので、古期英語の語形 Eastre をひいて語源を説明していますね。

同じ単語が、非ネイティブの英語学習者向けの⑫では、こう説明してあります。

> ⑫ **Easter** /'iːstə(r)/ noun [U] (**RELÍGION**) a féstival on a Súnday in Márch or Ápril when Chrístians célebrate Chríst's retúrn to lífe; the tíme befòre and àfter Èaster Súnday || the Èaster hólidays | *Are yóu gòing awày at Éaster?*

（復活祭　名詞［不可算］（宗教）3月ないし4月の日曜におこなわれる祭りで、キリスト教徒がキリストの生き返りを祝う日。復活祭の日曜の前後の時期 || 復活祭の休暇 | 復活祭には旅行に出かけるのですか）

　両者をくらべると大きく２つの点が違います。

　非ネイティブの英語学習者向けに作られた⑫は、語釈に使う単語を基本語彙でまかなうことにしています。ネイティブ向けでは commemorate the resurrection of Christ と言っているものが、非ネイティブ向けの⑫では celebrate Christ's return to life と言い換えられています。

　ネイティブの高校生に語源解説は有用ですが Easter の用例など不必要。それに対して、非ネイティブ向けの⑫には用例が加わっています。ネイティブ向けと非ネイティブ向けの違いがはっきりあらわれていますね。

　⑫では Are yóu gòing awày at Éaster? の at Éaster に注目です。解説をしておくと at Éaster は、おもに「復活祭の期間中に（in the Hóly Wèek）」という意味で使われます。gò awáy というのは「ちょっと出かける（gò óut）」ではなく「数日間、家を離れる」。日帰りではないから at Éaster なのです。ちなみに on Éaster というと「復活祭の日曜日に（on Èaster Súnday）」という意味です。

　先ほどネイティブの高校生向けの語源解説があったので、参考までに知的ネイティブ社会人向けの辞書で、同じ Easter の語源がどのように解説されているか見てみましょう。

　Concise Oxford English Dictionary, Twelfth Edition (2011) から、Easter の語釈の末尾のところです。

> – ORIGIN　OE ēastre, of Gmc origin and rel. to **EAST**; perh. from Ēastre, a goddess assoc. with spring

これではまるで暗号文ですが、フルに書けばこうなります。

> – ORIGIN　Òld Énglish ēastre, of Germànic órigin and

reláted to **EAST**; perháps from Ēastre, a góddess assóci-
ated with spríng

（語源　古期英語の ēastre で、（ラテン系ではなく）ゲルマン諸語に発
し east と関連あり。春の女神 Ēastre の名に由来するとも推測される）

いよいよ上級英英辞典の世界へ！

　「非ネイティブの英語学習者向け」に重点をおいて、初級英英辞
典と中級英英辞典の数々を見てきました。いよいよ非ネイティブ向
け上級英英辞典の世界に突入します。

　ここでいう「上級」の意味は、「特殊な専門用語や最新時事用語で
ないかぎり、学習者が出くわす英語表現はひとわたりカバーされて
いる」という意味です。

　上級学習英英の双璧は、カシオやシャープの電子辞書の定番英英、
オックスフォードとロングマンの「あれ」です。いまさらご紹介す
るまでもないので最後に簡単に触れることにして、ここではまず、
わたしが日頃愛用している上級学習英英辞典をご紹介します。

⑬ *Merriam-Webster's Advanced Learner's English Dictionary, newly revised & updated*

改訂増補版、2017年、米国メリアム・ウェブスター社、1,994頁、
縦23.7 cm、約4,400円

　わたしがいま最も頼りにしている上級学習英英。銀座ビジネス英
語 gym で教材を作るとき語釈の引用元にするのが、まずはこの辞
書です。

　米国人が「英語の辞書」といえば、まずはメリアム・ウェブスタ
ー社。メリアム兄弟が1831年（江戸時代、天保元年です！）に出版に

乗り出しウェブスターの辞書の出版権を1843年に買い取ったのが源流です。長いながい歴史をもつ同社が創業以来初めて2008年に「非ネイティブの英語学習者」をターゲットとして作った辞書の改訂増補版が、この⑬です。

　Móre than 160,000 exámple sèntences – the móst of ány leàrner's díctionary というのが本書のうたい文句。使っていると実感できますが、たしかに例文の量は類書を圧倒しています。語釈よりも例文・用例の文量が圧倒的に多い。

　16万あまりの例文・用例は濃い青で刷られています。見出し語や語釈は黒で刷られており、語釈と例文がまぎれることがありません。これもこの辞書の新機軸です。もしかりにすべて黒で刷られていたら、例文の海のなかに語釈が紛れ込んでしまってかなり読みづらくなったでしょう。

　辞書の大手出版社は、それぞれの辞書に自社のコーパス（例文データベース）から例文・用例を厳選するわけですが、ここで「実際の使用例そのまま」へのこだわりを捨てたのも⑬の新機軸です。コーパス内の用例を横目で見つつ（básed on évidence of rèal Énglish）、ネイティブの編者みずから学習者のために作り出した例文（màde-ùp exámples）がほとんどを占めている、と前書きで語っています。じっさい「即、教材に使えるなぁ」と思える例文ばかりです。

　語釈のしかたにも画期的な工夫があります。動詞 drive を例にとってみましょう。

　例えば、「運転する」の意味は次のように書かれています。

---

to diréct the móvement of (a cár, trúck, bús, etc.)

　カッコに入っている部分（「自動車、トラック、バスなど」）が目的語にあたる部分です。文Ａ（辞書⑬に例文として収録のもの）が文Ｂ（辞書⑬の語釈どおりに表現を置き換えたもの）へと言い換えられるこ

とを明示しています。

> **A:** He <u>dròve</u> the cár dòwn a bùmpy róad.
> = **B:** He <u>dirécted the móvement of</u> the cár dòwn a bùmpy róad.

もうひとつ。「車で送る」の意味は次のように書かれています。

> to tàke (sómeone or sómething) to a pláce in a cár, trúck, etc.

目的語が「ひと」または「もの」であることを示しています。この語釈をそのまま当てはめれば、文Cが文Dに置き換わります。

> **C:** I <u>dróve</u> her to the tráin stàtion thìs mórning.
> = **D:** I <u>tóok</u> her to the tráin stàtion <u>in a cár</u> thìs mórning.

従来の語釈の書き方は、こうではありませんでした。ロングマン英英 (⑯) で drive の語釈を見てみましょう。

> to màke a cár, trúck, bús etc mòve alóng

なるほど昔ながらの語釈です。これに対して⑬は a car, truck, bus etc. をカッコでくくっていました。⑬の考え方としては、a car, truck, bus etc. は動詞そのものの意味に含まれるのではなく、動詞のそとにある目的語だからです。

「車で送る」の意味のほうはどうでしょうか。

> to tàke sómeone sómewhere in a cár, trúck, etc

　これも⑬なら someone をカッコにくくるところです。someone
は動詞のそとにあるホントの目的語が補うべきものであって、動詞
そのものの意味には含まれていない、というのが⑬の考え方です。
　⑬の方式がなぜ良いか。それがわかる事例が erase の語釈です。

> to remóve recòrded matérial from (a tápe or dísk) || *You
> can eráse the tápe/dísk and ùse it agáin.*

　例文で erase の目的語になっている tape/disk は、語釈のなかで
は remove something from の前置詞 from が従える名詞です。
recorded material（記録情報）ではなく a tape or disk（記録媒体）
を目的語にして erase を使う用法を的確に説明できています。
　⑬の例文提示の仕方で、優れた点がもうひとつあります。⑬は、
見出し語を語釈でもって言い換えるだけでなく、**例文の表現も別の**
言い回しで言い換えてくれることが非常に多い。例えば、case の
例文から見てみましょう。

> 【1】*It was a cáse of mistàken idéntity.* [= a situátion in
> which sòmeone or sòmething is mistákenly thóught to
> be sòmeone or sòmething élse]
> 【2】*A lót of péople have had tróuble wórking with him,
> and thát was cértainly the cáse with me.* [= I álso had
> tróuble wórking with him]
> 【3】*Is ít not the cáse* [= isn't it trúe] *that she tòok the cár*
> *without permíssion?*

　【1】は a cáse of mistàken idéntity に対してかなり長い説明を加
えています。「だれか・何かが誤って他のだれか・何かであるとさ

れてしまう状況」。

　【2】は thát was the cáse with me という表現がこの例文においてはどういう意味合いなのかを端的に表現しています。「自分も彼といっしょに仕事をするのはたいへんだった」。

　【3】は is ít not the cáse を言い換えています。isn't it trúe は「当てはまりませんか」。Is ít not the cáse that ...? ＝ Isn't it trúe that ...? という言い換えは、広く適用できます。

　英英辞典を使っていると語釈だけ読んでもいまひとつピンとこないときがある。そんなとき、例文を読んではじめて「あ、そういうことか！」と納得することも多いので、例文の役割は英和辞典におけるより数段だいじになってきます。ところが、その例文が何を言っているかわからないことも多々ある。⑬は、まさに非ネイティブが戸惑いそうな例文にひんぱんに言い換え表現を提示してくれていて、英語の実力アップに直接つながるでしょう。

　⑬はスマホにアプリをわずか700円でダウンロードできます。"Learner's Dictionary" と銘打たれ、アイコンは深緑の地に赤丸で囲われた Merriam-Webster の文字入りです。わたしもダウンロードしましたが、このアプリはほとんど使っていません。読みやすいフォントで、いいアプリなのですが、そもそも⑬は文量が非常に多いので、スマホの小さな画面で目当ての語義にたどりつくにはスクロールを何度も繰り返さねばならず、あまりにわずらわしいのです。

　電子辞書版があればちょうどいいなと思うのですが、残念ながらまだありません。

　ウェブサイトで無料で読むこともできます（広告ブロックしないと広告がわずらわしいので、わたしは使っていませんが）。

https://www.britannica.com/dictionary

　サイトを開くと The Britannica Dictionary というタイトルです

が、内容はまぎれもなく⑬です。じつはメリアム・ウェブスター社は1964年に、ブリタニカ百科事典を出している Encyclopædia Britannica 社の米国法人に買収されてブリタニカ傘下の企業となってしまったのです。

　この辞書⑬は内容を大幅にダイジェストしたペーパーバック版もあります。***Merriam-Webster's Essential Learner's English Dictionary***（2010年、1,386頁、縦17.3 cm、約1,900円）です。⑬の語釈はそのままにして用例を厳選し、語釈と用例がちょうど半々の文量で、みごとな作りです。廉価にすべく、単色刷りで厚さ5.5センチの典型的ペーパーバック判に細かい字がぎっしりつまっており、書名の Essential Learner's とは裏ハラにかなりの実力者でないと使いこなせないでしょう。このダイジェスト版をちゃんとした大きめのフォーマットで出しなおしてくれれば、人気が出るだろうにと惜しまれます。

> ### ⑭ *Cambridge Advanced Learner's Dictionary, Fourth Edition*
>
> 第4版、2013年、英国ケンブリッジ大学出版局、1,844＋60頁、縦23.2 cm、約7,000円

　ケンブリッジ、オックスフォード、ロングマンの3社の上級学習英英は、それぞれの個性を残しつつ互いの良いところも学びあって進化してきました。そのなかで、もっとも気軽に足を踏み入れたくなる上級英英がケンブリッジです。中級英英の⑩ *Cambridge Learner's Dictionary*（☞ p.202）と同じフォント・行間スペースなので、上級英英としては極めて読みやすい。

　「いまさら、紙の辞書なんて……」と言われる向きもありましょうが、何十行にも及ぶ基本語の記述に向き合うと、知っているつもりでいた単語でもつねに新発見があって「ハマり」ます。さまざま

な語義や表現を「見渡しながら」読むには、やはり紙の辞書です。

> ⑮ *Oxford Advanced Learner's Dictionary, 10th Edition*
> オックスフォード現代英英辞典
>
> 第10版、2020年、英国オックスフォード大学出版局、1,820＋127頁、縦23.2 cm、約6,000円

　真打ちのご登場。バランスがとれていて、文句のつけどころのない辞書です。

　旺文社が大量輸入し『オックスフォード現代英英辞典』と題して「活用ガイド」込みで定価6,600円＋税で販売しています。しかし、いまのところ並行輸入品のほうが安く買えるようです。

　スマホ用のアプリもあります。定番の英英なので電子辞書収録のものをすでにお持ちのかたも多いでしょう。何度も繰り返しになりますが、語釈の合間あいまにある［例文］アイコンから例文の宝庫にぜひ足を踏み入れましょう。

> ⑯ *Longman Dictionary of Contemporary English for advanced learners, 6th Edition*
>
> 第6版、2014年、英国ピアソンエデュケーション社、2,161＋48頁、縦22.9 cm、約6,600円

　この辞書には思い入れがあり、初版から第6版まで全てそろえて持っています。目下の愛用は第8章で言及した第3版（☞ pp.158-160）です。

　1978年の初版は単色1,303頁でしたが、2014年の第6版はカラー刷り2,209頁。情報量はいちじるしく肥大しました。第6版の紙版は情報量優先で、やや読みにくいフォントを選んでしまいました。

　皆さまには、電子辞書版ないし、この章の冒頭でご紹介した無料

ウェブサイトの利用もおすすめします。ウェブサイトをスマホで見て活用することもできますね。

Longman English Dictionaries
https://www.ldoceonline.com/dictionary/
（www. の直後の文字は「l（アイ）」ではなく「l（エル）」です）

さて、英国ハーパーコリンズ社の Collins COBUILD シリーズの英英辞典は、初級から中級、上級と各種出ていますが、本書では、② **Collins COBUILD Primary Learner's Dictionary** のご紹介のみとしました。

コウビルド方式の語釈のしかたや語義の並べ方は、いかにもまどろっこしい。第8章の pp.154-157で触れたとおりです。辞書マニアのわたしでさえ使っていてイラつくことがあります。1冊目、2冊目の英英として手にしていただくべきものとは思えません。

Collins COBUILD Primary Learner's Dictionary は、COBUILD と銘打っているものの、語釈が通常の書き方で書かれており使いやすい。例えば love の語釈は

> to càre véry múch about sómeone, or to hàve stróng romántic féelings for them

これが、典型的なコウビルド方式の語釈だと次のようになります。

> If you **lóve** sòmeone, you càre véry múch about them, or you hàve stróng romántic féelings for them.

いちいちこのような語釈だと、わずらわしく感じます。
② *Collins COBUILD Primary Learner's Dictionary* では通常の

辞書どおり、動詞の love と名詞の love は別見出しです。これに対して典型的なコウビルド方式だと、love というひとつの見出し語のもとで動詞の語義と名詞の語義が交互に入り混じって書かれ、目指す語義にたどりつくのが面倒です。

　以上で「非ネイティブの英語学習者向け英英辞典」のご紹介を終わります。

ネイティブ向けながら非ネイティブに役立ちそうな辞書

　米国メリアム・ウェブスター社の辞書は、この章で⑬をご紹介しました。その他の辞書はすべてネイティブ向けに作られており、基本語彙の学習を深めるのには向きません。と言いつつ、第1章でご紹介した Merriam-Webster アプリの Kids 版のモトネタ辞書はネット上でも絶賛されているので、やはりひと言触れておきましょう。

⑰ *Merriam-Webster's Elementary Dictionary, newly revised & updated*

改訂増補版、2019年、米国メリアム・ウェブスター社、824頁、縦25.8 cm、約4,700円

　ネイティブの8歳〜11歳の小学生向けとあって、kiss はあっても sexual intercourse は出ていません。masticate（咀嚼する）はあっても masturbate はありません。逆に言えば中級英英レベルを超えた masticate さえ収録されているわけで、語彙レベルの高さがしのばれます。目を通していて未知の単語にひょいひょい出くわす。ネイティブの小学校高学年生、おそるべし！　本書での分類でいえば「中級から上級へ」の橋渡しの辞書です。
　手に持つとずしりと重い。机上にドーンとひろげて読む辞書です。

全ページ多色刷りで、ほぼ毎ページにカラーイラストやカラー写真があります。文字は全文通読したくなるほど読みやすい。学習コラムの数々もためになります。

　この上のレベルの辞書としては、以下が用意されています。

> **Merriam-Webster's Intermediate Dictionary, revised & updated**
>
> 改訂増補版、2020年、1,008頁、縦24.0 cm、約2,900円

> **Merriam-Webster's School Dictionary, revised & updated**
>
> 改訂増補版、2020年、1,251頁、縦24.0 cm、約3,700円

　Intermediate Dictionary は11歳〜14歳向け（つまりネイティブの中学生向け）、*School Dictionary* は14歳以上向け（ネイティブの高校生以上向け）とあります。全ページ単色で至極きまじめな作り。本のタイトルがどうあれ、中身はすでに社会人向けのレベルです。作りがアメリカンサイズで、その分だけ文字が読みやすい。英国オックスフォード大学出版局が出しているネイティブの学生・生徒向け英英辞典（これまで何度かとりあげました）がどう見ても非ネイティブの英語学習向きではないのに対して、ここに掲げた Merriam-Webster の Elementary Dic., Intermediate Dic., School Dic. は用例もそれなりにあり、非ネイティブの学習者にも役立ちそうです。

> ⑱ **Merriam-Webster's Dictionary and Thesaurus, newly revised & updated**
>
> 改訂増補版、2020年、米国メリアム・ウェブスター社、966頁、縦23.4 cm、約2,500円

　英英辞典に「類義語辞典」を織り込んであり、この編集思想は⑪ *Newbury House Dictionary* に似ています。語釈のあとに類義語がまとめてリストアップされ、意味的に対応する語釈の番号ごとに分類してあります。

　先ほどの *Intermediate Dictionary* や *School Dictionary* では動植物名や文系・理系の専門用語の詳しい解説があったりしますが、⑱はその辺りをバッサリ削っています。見出し語の選択と語釈は第9章のp.189でご紹介した *The Merriam-Webster Dictionary* とほぼ共通ですが、**基本語彙の語釈がいくぶん補われており**、その意味で⑱は非ネイティブの学習者も視野に入れているのがうかがえます。

　この辞書は、同じ内容をいわば「縮刷」した mass market 向けのペーパーバック判（1,317頁、縦17.0 cm、約1,300円）がありますが、お安い分、文字が極めて見づらいので使いものになりません。購入時にお気をつけください。

　オックスフォードのネイティブ向け辞書が発音表示と用例に乏しく非ネイティブの学習者向きでないことは何度も述べましたが、次の⑲だけはラッキーな例外です。

---

⑲ *Concise Oxford American Dictionary*

2006年、米国 Oxford University Press, Inc. 社、1,031頁、縦24 cm、横19.5 cm、約5,200円

　わたしが普段づかいしている英英なので外すわけにはいきません。

　オックスフォード大学出版の米国現地法人が独自に編集した辞書です。まさにアメリカンサイズの作りで、読みやすい紙面。すべての見出し語に米国発音が表示されています。語釈が簡潔なわりに、用例は非ネイティブ学習者向けの英英辞典かと思わせる充実ぶりです。

例えば、名詞の love の用例としては

> bábies fíll párents with inténse féelings of lóve | it was lóve at fírst síght | his **lóve for** fóotball | she was **the lóve of his lífe** | their twó grèat lóves are tobácco and whískey | lóve fiftéen | he was dówn twó séts to lóve

love forと the love of his lifeを太字にするあたり、学習者に注目をうながす優れた配慮です。7つの用例のうち5つが実質的にフルセンテンスなのもうれしい。最後の2つはスポーツ用語の loveで「0対15」「彼はセット数2：0で負けていた」。

get along には以下の用例をあてています。

> they séem to gèt alóng prètty wéll | dòn't wórry, we'll gèt alóng withóut you

センスの良い例文に大喜びするわたしが愛用するのも、わかっていただけるのでは？

ちなみに英国の本家本元が出している有名な ***Concise Oxford English Dictionary*** (第12版、2011年) は、love と get along に用例はゼロ。もちろん発音表示も無し。代わりに語源情報が充実していて、love がゲルマン系の単語であり古英語の語形が lufu だったこと、love が休暇許可を意味する leave と同語源であること、love がテニスなどで無得点を意味するようになった理由の説明があります。

同じくコンサイス・オックスフォード英英でも、米国版と英国版はまったく別の辞書なのです。（なお、英語でいう "concise な辞書" とは「語釈が簡潔に表現されている」という意味であり、「ポケット判の」という意味ではありません）

◤ あとがき *(読者特典の解説もあります)*

　英英辞典は「辞書」というにとどまらず、理想的な英会話のパートナーでもあります。

"I dón't knów thìs wórd. Whát does this áuthor lìke to sáy?"
（この単語、知らないなぁ。筆者は何が言いたいの？）

"Whát do you méan by thát?"
（え、それってどういう意味？）

"Hów do you ùse this phráse? Gíve me some exámples."
（この言い回しってどんなふうに使うの？　例で示してくれるかな）

　そんな問いかけに対して、非ネイティブの限られた語彙に配慮しながらことばを選びつつ、辛抱づよく何度でも答えてくれるのが学習英英辞典です。
　考えてみれば、わたしたちの日常は、ものごとの説明を求め、あるいは求められ、その答えをやりとりする、そんな会話に満ちています。

"Hów does thís ápp wórk? Whát's it góod for?"
（このアプリってどう機能するの？　何の役にたつの？）

"I wònder whát thìs fóod is. Hów does it táste?"
（この食べ物、何だろう。どんな味？）

"Whát's that ánimal like? Whére do they líve?"
（その動物ってどんな動物？　生息地は？）

そういう問いにいちいち答えるかのように書かれているのが辞書の語釈です。英英辞典を使うというのは、豊かな英会話の時間でもあるわけですね。

　ビジネスの世界で、英文契約書の第1章は Definitions（定義）にあてられるのがふつうです。その契約の重要単語やキーワードの意味を規定・説明する章で、これが何ページにもわたることも、まれではありません。まさに英文契約書の第1章が、いきなり「英英辞典」なわけです。

　どんな分野でも一歩踏み込めば、専門用語や新語の説明に満ちています。英語を使って深めていくあらゆる専門分野の一丁目一番地は「英英辞典」のようなものです。

　日頃から英英辞典を使っていれば、これらはすべてその**延長線上**です。

生成 AI 時代の英語学習

　「AI（人工知能）が発達していけば自動翻訳・通訳の精度が向上するから、もう英語を学ぶ必要はなくなる」という議論があります。それを信じるのはご自由。たしかに観光旅行ていどの英会話であれば、翻訳機にお任せすれば事足りる時代にはなっています。ですが、英文契約書の原文を読めもせずひたすら自動翻訳で読んでいるようなひとが、一流企業で国際業務を任されるわけがないのです。各国の人たちが入り乱れて会話がはずんでいるときに、自動翻訳機をかざしながら話の輪のなかに入れるのでしょうか。

　世界的に圧倒的な強みが数々あった、ひと昔前の日本であれば、ふんぞり返って通訳や自動翻訳に一任して乗り切ることもできた。しかし今や日本と対等の競争相手として中国や韓国、台湾があり、インドがあり、タイがあり、人口爆増中のフィリピンやベトナム、

インドネシアがある。それらの国々の一流の人たちはバリバリの英語で国際場裏に挑んでくる。中国語・韓国語以外のアジアの言語は、日本の英和辞典のように充実した「英ナントカ辞書」がありませんから、中級以上の学習者は否応なしに英英辞典を使っているわけです。

そんななかで、英和辞典と英和単語集でもって英語に向き合う日本人は、かぎりなくガラパゴス。竹槍で戦いを挑むようなものです。

明るい展望といえば、これからさらに AI が進化していけば、英英辞典も対話型を深めていくでしょう。学習者の反応を把握し表情を読みながら英和辞典から英英へと橋渡しをし、英英語釈をやさしくしたり高度にしたり、最適レベルの用例を提供してくれたり……。これはけっして夢の世界ではない。しかしとりあえず今は、わたしたち自身が主体的に動き、知恵を働かせるしかありません。それぞれご自分に合った英英メディアを見つけて、英語の実力を伸ばされますように！　**初期投資は惜しまないで**くださいね。

大学入試も英英辞典に目を向ける時代に

愛媛大学の2021年の入試問題が興味深い出題をしています。長文読解問題の設問1が、こういうものでした。

> ■下線部（1）の "in good company" について、Oxford Advanced Learner's Dictionary では "if you say that somebody is in good company, you mean that they should not worry about a mistake, etc. because somebody else, especially someone more important, has done the same thing" と定義されている。この定義を参考に、下線部（1）がこの文章の中では具体的にどのようなことを意味するのかを、日本語で説明しなさい。

be in good company という成句。『スーパー・アンカー英和辞典 第5版［新装版］』には「よい仲間と付き合っている；［おどけて］（ある考えや行動に対して）ほかの偉い人も同じなので恥ずかしがることはない」と説明してあります。

第2義の［おどけて］以下の意味を記したのが上掲のオックスフォード上級英英辞典の定義です。

はっきり言って、be in good company にこの第2義のような含意があることは、高校英語で習い覚える必要はまったくないものです。かりに愛媛大学の出題が単に「下線部（1）のイディオムはどういう意味ですか」というものなら、とんだ奇問に属します。

しかし逆に、受験者がおそらく誰も知らない英語表現について英英辞典の定義を示し、それを英文の文脈に当てはめて解釈することができるかを問うとすれば、それはまさに「英英辞典を使うセンスを受験者がもっているか」を測る良問といえます。

英英辞典を活用する能力を問うこのような出題が難関大学でも増えていけば、日本の英語教育を変容させられるかもしれません。

ここで、お待ちかねの読者特典についてご説明します。

▶ 特典1　英英辞典「つまずき」対策

英英辞典を使いはじめたはいいが、語釈を読んでもさっぱり意味がわからん、というとき。例文が何を言おうとしているのかさっぱりわからない、というとき。ご質問のメールに著者がお答えします。ご質問の回数は、お一人さま10回を上限とします。

▶ 特典2　自由英作文の添削

読者の英作文を著者が添削して PDF ファイルでお返しします。テーマは自由ですが、ネイティブ話者にお会いになったときに自己

紹介をする自分を想像しながら書いていただくのがいちばんよろしいかと思います。長さは80〜120 words が目安です。Eメールの本文にテキストとして書いてお送りください（WORDファイルなどの添付ではなく）。無料添削は、お1人さま1回かぎりです。

どちらもメールの宛先は **ginza1gym@gmail.com** です（メルアドの ginza のあとは数字のイチです。エルではありません）。

なお、**著者へはじめてメールされる際に、以下のアンケートへのお答えも添えてください**（特典ご提供のため必須です。日本語で結構です）。これも添付ファイル形式でなく本文テキストとしてお送りください。

読者アンケート項目

1. 本書を購入なさった書店ないし販売サイト名

2. ご自身の英語学習の目的

3. 本書を読まれたきっかけ・動機

4. 印象に残ったページ、役に立ったページなど（2か所以上お願いします）

5. その他なんでもご感想（長さは問いません）

本書が読者の皆さんの英語学習の姿を少しでも変えることができたなら、大きなよろこびです。

本書でご紹介した数々の優れた辞典を世に出してくれた出版社と編者のかたがた、そして本書の主旨に共鳴して出版の労をとってくださった語学書出版のプレイス社・山内昭夫社長に、深甚の感謝をささげて本書の結びといたします。

泉 幸男

■著者紹介

泉 幸男（いずみ・ゆきお）

　語学アドバイザー、銀座ビジネス英語 gym 代表講師。

　1959年、愛媛県松山市生まれ。東京大学法学部卒、同 教養学部教養学科ロシア分科卒。1984〜2016年、三菱商事株式会社に勤務し、電力プラント輸出および海外電力事業投資にたずさわる。

　著書に『英語学習の極意』(2015年、文春新書) など。

　2016年に立ち上げた銀座ビジネス英語 gym では、英語・中国語・タイ語をおもにオンラインレッスンにより個人指導している。

　ウェブサイトは https://ginzagym.net/

　Eメールによる語学アドバイスもおこなっている。

　メールアドレスは ginza1gym@gmail.com（ginza のあとは数字のイチ）

英英辞典の底力
（えいえいじてん　そこぢから）

—— TOEIC®・英検®対策のニュースタンダード

2023年9月1日　初版印刷　　　　　　2023年9月11日　初版発行

編 著 者	泉　　幸　男
発 行 者	山　内　昭　夫
発　　行	有限会社 プレイス
	〒112-0006 東京都文京区小日向 4-6-3-603
	電話 03 (6912) 1600
	URL http://www.place-inc.net/
印刷・製本	中央精版印刷株式会社

カバーデザイン・本文イラスト／パント大吉（オフィスパント）
本文DTP／Aria
©Yukio Izumi / 2023 Printed in Japan
ISBN 978-4-903738-52-9
定価はカバーに表示してあります。乱丁本・落丁本はお取替いたします。